Food for Future

Impressum

ISBN 978-3-517-09899-9

1. Auflage
Copyright für die deutsche Ausgabe:
© 2020 by Südwest Verlag, einem Unternehmen der Verlagsgruppe Random House GmbH, Neumarkter Straße 28, 81673 München

Text Copyright © 2020 Martin Kintrup, Münster
© 2020 for the original edition published by Forte Uitgevers BV, the Netherlands
Original title: Duurzaam lekker eten.
Pictures: © 2020 Vanessa Jansen, Münster
Layout: © 2020 Studio Wouke Boog, Dordrecht

Sollte diese Publikation Links auf Webseiten Dritter enthalten, so übernehmen wir für deren Inhalte keine Haftung, da wir uns diese nicht zu eigen machen, sondern lediglich auf deren Stand zum Zeitpunkt der Erstveröffentlichung verweisen.

Hinweis: Das vorliegende Buch ist sorgfältig erarbeitet worden. Dennoch erfolgen alle Angaben ohne Gewähr. Weder Autor noch Verlag können für eventuelle Nachteile oder Schäden, die aus den im Buch gegebenen Hinweisen resultieren, eine Haftung übernehmen.

Projektleitung: Nina Sahm
Redaktion: Dr. Ulrike Kretschmer
Satz: Dr. Alex Klubertanz
Korrektorat: Susanne Schneider
Umschlaggestaltung: Studio Wouke Boog, Dordrecht

Druck: Balto Print
Printed in Lithuania

www.suedwest-verlag.de

Food for Future

MARTIN KINTRUP

FOTOGRAFIE:
VANESSA JANSEN

Das restlos gute **Kochbuch**: nachhaltig, klimafreundlich und lecker

südwest

Impressum   2

Vorwort   7

KAPITEL 1
DIE BASICS FÜR DIE GRÜNE KÜCHE   9

VIEL MEHR ALS »NUR« ESSEN   10
DIE KÜCHE   12
NACHHALTIGE LEBENSMITTEL   16
WO KAUFE ICH NACHHALTIG?   22
SAISONKALENDER   28
NACHHALTIGKEIT IM ÜBERBLICK   32

KAPITEL 2
EAT GREENER   35

Greenie-Blinis mit Erbsencreme   36
Zucchini-Crostini   38
Kürbiskroketten   38
Cracker mit Pfifferlingen   39
Hirsebällchen   39
Tomaten-Pide mit Auberginen   43
The famous Veggie-Burger   44
Hanfpesto   48
Paprikarahm   48
Wildschweinragout   49
Vegane Thymian-Nuss-»Butter«   49
Thymian-Fenchel-Risotto mit Knusperbröseln   51
Veggie-Poké-Bowl   52
Gemüse-Pilaw mit gebratenem Tofu   55

LET'S TALK ABOUT FISH   56
Ofengemüse mit Bohnendip   58
Zucchini-Joghurt-Dip   58
Kürbis-Sellerie-Stampf mit Pilzen   61
Marokkanisches Chermoula-Hähnchen   62
Wildschweinschnitzel   63
Gemüsegulasch   64

LET'S TALK ABOUT MEAT   66
Rehkeule mit Nusskruste   69
Wirsingeintopf mit Lamm   70
Maronen-Pastinaken-Suppe   70
Grünkohleintopf   71
Linsen-Kürbis-Suppe   71
Möhren-Nuss-Kuchen   72
Brownies   72

KAPITEL 3
BEST OF THE REST   75

Gnocchi ...   76
... mit Kirschtomaten   77
... mit Spargel & Frühlingspesto   77
Flammkuchen mit Pilzen & Rucola   78

KARTOFFELN   80
Kürbiscurry mit Blaubeerchutney   83
Kartoffel-Möhren-Plätzchen   84
Grünkern-Kartoffel-Plätzchen   85
Pasta mit Brokkoli und Schinken   86
Pasta mit Spinat und Pilzen   86
Pasta mit Salbeimöhren   87
Spargelpasta mit Chilibutter   87
Gratinierte Zucchini-Nudel-Nester   88
Taboulé mit gebackenem Ziegenkäse   91
Vegetarische Harira   92
Gefüllte Zucchini mit Erbsen   95

ALTES BROT   96
Wurzelbrot mit Walnüssen   99
Lauch-Apfel-Quiche   100
Kräutersemmelknödel mit Pilzrahm   103
Thai-Nudelsalat   104
Mexican Chili Salad   105
Zwiebelkuchen mit Gemüse   107

GEMÜSERESTE   108
Smoothie-bowl   110
Overnight Oats   110
Granita   112
Beerensirup   112
Chutney   113
Fruchtsenf   113

OBSTRESTE   114
All-in-Crumble   116
Früchtemuffins   117

SONSTIGE RESTE   118

Inhalt

KAPITEL 4
EAT ME, I'M TASTY! ... 121

Brokkoli-Waldorf-Crostini ... 122
Blumenkohl-Carpaccio ... 122
Blumenkohlsuppe ... 123
Brokkolinudeln mit Pilzen ... 123
Halb getrocknete Tomaten mit Fenchelstielen ... 124
Kohlrabistiele mit Specksauce ... 125
Gemüsebrühe ... 126
Gekörnte Gemüsebrühe ... 126
Feine Fischsuppe ... 129
Gebackene Rote Bete mit Rote-Bete-Mojo ... 130
Radieschenhummus ... 132
Radieschen-Brot-Salat ... 132
Sellerie-Birnen-Smoothie ... 133
Apfel-Sellerie-Salat ... 133
Wirsingchips ... 134
Gremolata-Salz ... 136
Zitrus-Gewürzöl ... 136
Orangensirup ... 137
Weihnachtstee ... 137
Geröstete Kürbiskerne ... 138
Gebrannte Kürbiskerne ... 138

WIRF MICH NICHT WEG! ... 140
LASS MICH LINKS LIEGEN! ... 141

KAPITEL 5
DO IT YOURSELF ... 143

Halb pflanzlicher Buchweizenjoghurt ... 144
Buchweizendrink ... 145
Rote-Bete-Labneh ... 148
Vegane Kürbiskernbutter ... 148
Sellerie-Apfel-Creme ... 149
Forellen-Röstgemüse-Aufstrich ... 149
Vegane Mayonnaise ... 150
Gurkenrelish ... 152
Sweet-Chili-Sauce ... 152
Blaubeerketchup ... 153
Aprikosenchutney ... 153
Tortillachips mit Mexican Salsa ... 154
Hirse-Rosmarin-Grissini ... 156
Fenchelcracker ... 156
Honig-Chili-Popcorn ... 157
Gewürznüsse ... 157

LAUTER LIEBLINGSGEMÜSE ... 160
Rote Bete »in Balsam« ... 164
Saure Senfzucchini ... 164
Eingelegte Pilze ... 165
Fermentierter Möhrensalat ... 165

KAPITEL 6
VOM LAGERN UND ERNTEN ... 167

Vorrat und Lagerung ... 168
Mein kleiner Ökogarten:
Vogel- und insektenfreundlich gärtnern ... 172
Wildfrüchte im Garten – kann man die essen? ... 174
Nützliche Küchenabfälle:
Kompostieren und Düngen ... 176
Gartenspaß im Kleinformat –
das Hochbeet ... 178
Gärtnern auf der Fensterbank ... 182
Gemeinschaftlich gärtnern ... 184

Register ... 186

Danksagung ... 192

.... VORWORT ....

Ernährung ist ein sehr emotionales Thema. Ein üppig gefüllter Teller spricht gleich mehrere Sinne an, verschafft ein wohliges, sattes Gefühl im Magen und sorgt im besten Fall für regelrechte Glücksgefühle. Bestimmte Gerichte wecken schöne Erinnerungen an Aufenthalte bei Oma und Opa in der Kindheit, an rauschende Feste oder einen erholsamen Urlaub. Wäre es nicht toll, wenn uns eine Mahlzeit zusätzlich auch noch ein gutes Gewissen schenken könnte?

Wegen der Vielzahl an positiven Emotionen sind Verhaltensveränderungen in Bezug auf die Ernährung besonders schwierig. Essen ist unsere persönliche Freiheit, ein wesentlicher Faktor unseres Lifestyles, und Kritik daran empfinden wir schnell als persönlichen Angriff. Doch immer häufiger beschleicht uns auch ein mulmiges Gefühl. Bilder von abgeholzten Regenwäldern für Soja- oder Palmölplantagen, von plastikverschmutzten, leer gefischten Meeren, von kilometerweiten Agrarwüsten ohne Lebensraum für Vögel und Insekten brennen sich ein. Die innere Stimme, etwas ändern zu wollen, wird lauter!

Aber wo anfangen? Auf eine Demo zum Klimaschutz oder zur Agrarwende zu gehen, ist schon mal eine gute Idee. Das eigene Verhalten zu ändern, ist der nächste, mindestens genauso wichtige Schritt. Dabei ist aller Anfang erst einmal schwer, denn wir müssen raus aus der Komfortzone, aus dem Alltagstrott, und anfangen, bewusst zu konsumieren, zu wirtschaften, zu kochen. Die dafür nötigen Strukturen müssen zunächst geschaffen und organisiert werden. Wer das erledigt hat, für den geht nachhaltige Ernährung, also »Food for Future«, kinderleicht. Versprochen!

Essen ist nicht nur Emotion, sondern auch ein wichtiger Teil unserer Kultur. Fleischgerichte, Würste, Fisch, Käse und Eier landen seit Jahrtausenden auf unserem Teller und gehören zu unserer kulinarischen DNA als Europäer. Fakt ist jedoch, dass wir im Durchschnitt viel zu viele tierische Produkte konsumieren, viel mehr, als ökologisch vertretbar wäre. Das Motto lautet also: Reduzieren statt Abschaffen. Das ist vielleicht nicht idealistisch, aber pragmatisch – und damit realistisch umsetzbar.

Mit Food for Future möchte ich euch das nötige Rüstzeug für die nachhaltige Ernährung an die Hand geben: theoretische Grundlagen sowie praktische Tipps zum plastikfreien Einkaufen, richtigen Aufbewahren und nachhaltigen Gärtnern von eigenem Gemüse und aromatischen Kräutern. Dazu findet ihr in vier Kapiteln über 100 Rezepte für schmackhafte Gerichte – viele davon vegetarisch oder vegan, allesamt regional, saisonal und bio.

KAPITEL 1

DIE BASICS FÜR DIE GRÜNE KÜCHE

Alles einsteigen, der Kochexpress startet in Richtung Nachhaltigkeit!

Auf den folgenden 20 Seiten zeige ich euch die Grundlagen der »grünen Küche«. Denn dabei spielen gleich mehrere, nicht immer auf den ersten Blick offensichtliche Aspekte eine Rolle. Einen grafischen Überblick dazu findet ihr schon auf der nächsten Doppelseite.

Auf den Seiten 12 bis 15 nehme ich die Küchenausstattung unter die Lupe. Entscheidende Punkte sind hier vor allem die Energieeffizienz und die Langlebigkeit der Geräte sowie die Verwendung nachhaltiger Materialien.

Ab Seite 16 geht es um das eigentliche Herzstück des Kochens: die Lebensmittel! Hier gebe ich zunächst einen Überblick über die relevanten Faktoren für die Ökobilanz eines Lebensmittels. Dazu lernt ihr die besten pflanzlichen Eiweißspender kennen, die ab jetzt Fleisch, Fisch, Eiern und Milchprodukten öfter mal den Rang ablaufen.

Der Einkaufsguide ab Seite 22 ist gleichsam eine Anleitung zum verpackungsfreien Einkauf, beinhaltet aber noch viel mehr. Im Saisonkalender ab Seite 28 zeige ich euch schließlich, wann die regionalen Obst- und Gemüsesorten sowie Kräuter in bester Qualität verfügbar sind. Also schnell umblättern ...

Viel mehr als »nur« Essen

Ihr seid schon voll motiviert loszulegen? Dann seht euch die unten aufgeführten Fragen zu euren Ernährungsgewohnheiten an, die ihr unbedingt in Betracht ziehen solltet. Aber immer entspannt bleiben: Nachhaltigkeit ist ein Prozess, von heute auf morgen ist sie nicht zu schaffen! Und das erwartet auch keiner.

eco BAG

Woher kommt die Energie (z. B. Windrad)?

Sind meine Geräte (z. B. der Herd) energieeffizient?

Welche Reinigungsmittel benutze ich (z.B. Essigessenz, Zitronen)?

KÜCHE & AUSSTATTUNG

Handhabe ich die Geräte (z.B. die Spülmaschine) richtig?

Sind meine Utensilien langlebig (z. B. Pfannenschieber aus Holz, Eisenpfanne)?

Habe ich das passende Zubehör?

Welches Transportmittel verwende ich?

EINKAUF

In welchen Läden kaufe ich ein?

Sind die Lebensmittel verpackt?

UNSER BIOLOGISCHES OBST & GEMÜSE BEZIEHEN WIR VON ÖKULLUS, LANDLINIE UND KORNKRAFT

Wie wurden sie hergestellt?

Wie sind sie verpackt?

Kann ich auch selbst etwas anbauen?

Wo kommen sie her?

LEBENSMITTEL

Enthalten sie problematische Inhaltsstoffe?

Haben sie gerade Saison?

Wie lang sind die Transportwege?

Lagere ich sie richtig?

Die Küche

Wer denkt, seine Ökobilanz in Bezug auf die Ernährung nur über den Einkauf von Lebensmitteln steuern zu können, liegt falsch. Denn schon mit der Ausstattung der Küche fängt es an. Das Gute daran: Dieses Thema braucht nur einmal in Angriff genommen zu werden. Wenn erst einmal die Strukturen geschaffen wurden und die richtige Ausstattung vorhanden ist, ist die Grundlage für Nachhaltigkeit in der Küche gelegt.

STROM

Da erzähle ich sicher nichts Neues: Die Abkehr von fossilen Brennstoffen ist unbestritten eine entscheidende Aufgabe der nächsten Jahrzehnte. Die »grüne Küche« sollte also auf jeden Fall mit klimaneutralem Ökostrom betrieben werden. Das ist ein ganz simpler, aber schon ein entscheidender Faktor mit großen Wirkungen. Ein kleines Beispiel: Während im gesamten Strommix heute noch rund 500 Gramm CO_2 pro Kilowattstunde Strom ausgestoßen werden, liegt der Ausstoß bei Windrädern umgerechnet bei rund 20 Gramm, bei fossiler Braunkohle dagegen bei 1000 Gramm. Ähnlich sieht es beim Vergleich anderer erneuerbarer Energien mit fossilen Energieträgern aus. Noch Fragen?

GROSSE KÜCHENGERÄTE

Die Stromfresser in der Küche sind wegen des regelmäßigen oder permanenten Gebrauchs Herd und Backofen, Kühlgeräte und der Geschirrspüler. Hier sollten möglichst nur Geräte der höchsten Effizienzklassen A++ und A+++ zum Einsatz kommen. Echt krass: Ein 15 Jahre alter Kühlschrank kann schon mal den drei- bis vierfachen Stromverbrauch eines neuen A+++-Gerätes haben. Achte zudem darauf, passgenaue Geräte für den Haushalt auszuwählen. Hier kommt es ausnahmsweise mal auf die Größe an: Brauchst du wirklich eine 300-Liter-Kühl-Gefrier-Kombination mit drei Tiefkühlfächern, oder reicht vielleicht ein 150-Liter-Gerät ohne Tiefkühlfach? Mit kleineren Geräten kannst du schon einige Kilowattstunden sparen.

Beim Herd ist dagegen die Funktionsweise entscheidend. Wer noch alte gusseiserne Kochplatten im Haus hat, sollte schnellstens über eine Umrüstung nachdenken, denn diese verbrauchen viel Energie und sind besonders ineffektiv. Einen wesentlich geringeren Energieverbrauch haben Induktions- und Gasherde, aber auch der Glaskeramikherd (Ceran) schlägt sich ganz tapfer. Übrigens: Mit Induktion und Gas lässt sich Wasser ebenso schnell und effizient aufkochen wie mit einem Wasserkocher. So kannst du dir ein Gerät in deinem Haushalt sparen.

Auch bei anderen Küchengeräten wie Mixer oder Kaffeemaschine lohnt es natürlich, den Stromverbrauch zu berücksichtigen, und eine energiesparende Beleuchtung, z. B. aus LEDs, sollte selbstverständlich sein.

BEDIENUNGSVERHALTEN

Die effektivsten Geräte nützen nichts, wenn sie falsch platziert oder bedient werden. Hier ein paar Tipps für die gängigen Strom-Schluckspechte.

KÜHLGERÄTE

Entscheidend für den tatsächlichen Energieverbrauch ist der richtige Standort. Stelle den Kühlschrank an einen Platz ohne direkte Sonneneinstrahlung. Auch Wärmequellen wie Heizung, Herd, Backofen oder Spülmaschine sollten auf Abstand gehen, um eine unnötige Erwärmung und somit einen erhöhten Energieverbrauch zu vermeiden. Ebenfalls von großer Bedeutung ist die richtige Kühlschranktemperatur: Jedes Grad tiefer verbraucht deutlich mehr Strom! 6 bis 7 °C oder Reglerstufe 1–2 ist eine gute Orientierung, beim Tiefkühlfach sind es −18 °C. Bei großer Hitze darf es auch mal eine Stufe höher sein. Öffne den Kühlschrank außerdem immer nur kurz und taue das Tiefkühlfach regelmäßig ab. Dicke Eisblöcke im Tiefkühlfach verbrauchen sinnlos große Mengen an Energie. Auch eine regelmäßige Kontrolle der Dichtungen lohnt sich. Ein schlecht schließender Kühlschrank sorgt ähnlich wie ein undichtes Fenster für einen erhöhten Energieverbrauch.

HERD

Zunächst sollte die richtige Platte für Topf und Pfanne ausgewählt werden. Sie sollte passgenau und keinesfalls zu groß sein, sonst kann Energie flöten gehen. Bei einem Induktionsherd muss man nicht so genau hinschauen, denn hier wird unabhängig von der Plattengröße nur das Kochgeschirr erhitzt. Mit Deckel zu kochen, spart ordentlich Energie. Besonders clever sind Glasdeckel, die zwischendurch nicht geöffnet werden müssen. Auch das Dämpfen spart Energie. Hier wird nur wenig Wasser erhitzt, und Gemüse & Co. garen besonders schonend im heißen Dampf. Für das sonst stundenlange Kochen von Hülsenfrüchten ist der Schnellkochtopf eine gute Wahl, dieser funktioniert energiesparend nach dem Überdruckprinzip und verkürzt die Garzeit massiv. Miss beim Wasserkochen vorher immer die benötigte Menge ab, damit später kein zuvor unnötig erhitztes Wasser übrig ist.

BACKOFEN

Umluft spart Strom, auch Vorheizen ist nicht immer nötig. Stattdessen können Kuchen, Ofengemüse & Co. einfach einige Minuten länger backen. Falls dein Backofen eine Selbstreinigungsfunktion nach dem Pyrolyseprinzip besitzt, solltest du diese nur im Notfall bei kaum lösbaren Verschmutzungen nutzen. Denn hier ist ein hoher Stromverbrauch vorprogrammiert. Zum Aufbacken von Brotscheiben ist es effektiver, den Toaster zu verwenden. Und noch ein letzter Tipp: Die Restwärme nach der Ofennutzung lässt sich noch super nutzen, etwa zum Aufwärmen von Mahlzeiten, für Teewasser, ein wärmendes Körnerkissen oder zum Trocknen von Brot und anderen schnell trocknenden Lebensmitteln. Für längeres Trocknen über Stunden ist ein modernes Dörrgerät die bessere, weil effizientere Variante.

SPÜLMASCHINE

Spülmaschinen sind mit unterschiedlichsten Programmen ausgestattet. Bei nicht zu starken Verschmutzungen reichen in der Regel Kurz- oder Ecoprogramme. Mindestens ein- bis zweimal im Monat sollte jedoch das 65-Grad-Programm laufen, um die Maschine gründlich zu reinigen. Gut gefüllt sollten die praktischen und wassersparenden Haushaltshilfen stets sein. Eine große Schüssel kannst du aber lieber mal mit der Hand spülen und stattdessen noch zehn Teller in die Maschine stellen. Um das Gerät vor Defekten durch Kalkablagerungen zu schützen und so eine längere Haltbarkeit zu erreichen, ist Spülmaschinensalz unerlässlich. Als Reinigungsmittel sind ökologische Spülmaschinentabs die bessere Wahl gegenüber konventionellen Tabs. Sie reinigen ohne umweltschädliches Phosphat mithilfe von Salzen, Eiweißverbindungen und pflanzlichen Tensiden. Achte außerdem darauf, dass die Tabs nicht foliert sind oder deren Verpackung wasserlöslich ist.

ZUBEHÖR & UTENSILIEN

Hier geht es vorwiegend um alles, was um den Herd herumschwirrt. Beschichtete Pfannen sind ab jetzt ein Auslaufmodell: Ihre Haltbarkeit ist einfach zu kurz, und die Beschichtungen sind schnell im Eimer. Ähnliches gilt für Backformen. Die stabilsten und langlebigsten Herdutensilien sind guss- oder schmiedeeiserne Pfannen. Ordentlich eingebrannt haben auch sie eine leichte Antihaftwirkung. Lies dir dazu die Anleitung der Hersteller durch. Auch Stahl- oder Emaillepfannen sind eine gute Wahl. Pfannenschieber aus Kunststoff sind nun auch Geschichte – nicht zuletzt deshalb, weil immer noch unklar ist, ob sich bei großer Hitze nicht schädliche Stoffe aus diesen Helfern lösen. Hier sind Holzschieber eine gute, natürliche Alternative. Wiederverwendbare Backmatten aus Silikon sind ein prima Ersatz für Backpapier. Benutze Plastikgeräte, die nicht mit starker Hitze in Kontakt kommen, etwa Messbecher oder Durchschläge, einfach, bis sie den Geist aufgeben. Entsorge sie anschließend ordentlich und ersetze sie durch eine nachhaltigere Version aus Metall oder Emaille. Ein ausklappbarer Dämpfeinsatz aus Edelstahl ist platzsparend, unverwüstlich und ein wertvolles Equipment für die nachhaltige Gemüseküche. Da auch die richtige Aufbewahrung von Lebensmitteln mit dem passenden Zubehör ein wichtiges Thema ist, habe ich diesem Aspekt die Seiten 168 bis 171 in diesem Buch reserviert.

REINIGUNG

In der Küche kommen oft jede Menge Plastikutensilien zum Einsatz. Reinigungsmittel enthalten zudem häufig umweltbelastende Stoffe. Hier eine Auswahl nachhaltiger Alternativen:

1. Scheuerschwämme aus Naturfaser
2. Reinigungstücher aus Jute und Sisalhanf statt Plastikschwämme
3. Spültücher aus Biobaumwolle
4. Abbaubare Schwammtücher aus dem Unverpackt-Laden
5. Antibakterielle Kupfertücher gegen Verkrustungen
6. Spülbürsten aus Holz mit Wechselkopf
7. Waschbare Küchentücher aus Naturfasern
8. Essigessenz als antibakterielles Putzmittel
9. Soda oder Natron als Scheuerpaste für stark verschmutzte Flächen
10. Selbst gemachter Allzweckreiniger auf Natron- und Biokernseifenbasis

Nachhaltige Lebensmittel

Bis Gemüse, Fleisch & Co. bei uns auf dem Teller landen, wurden sie in landwirtschaftlichen Betrieben produziert, anschließend transportiert, gelagert, unter Umständen verarbeitet und verpackt, im Handel verkauft und zu uns nach Hause geschafft. Diese Bestandteile der Handelskette beeinflussen, in unterschiedlichem Maße, den CO_2-Ausstoß und damit die Ökobilanz eines Lebensmittels. Es ist schwierig, für alle Produkte allgemeingültige Werte zu erhalten, da sich Produktionsbedingungen stets unterscheiden. Das ist aber auch gar nicht nötig: Denn trotz aller Komplexität lässt sich die Formel für nachhaltige Lebensmittel auf wenige universell gültige Punkte reduzieren, die sich kinderleicht verinnerlichen lassen und mit denen ihr immer auf dem richtigen Dampfer seid. Die Zauberworte lauten: regional, saisonal, bio, pflanzlich, unverpackt, unverarbeitet und fair. Warum gerade diese Aspekte von entscheidender Bedeutung sind, seht ihr hier.

REGIONAL

In der eigenen Region produzierte Lebensmittel bieten unschätzbare Vorteile. Kurze Transportwege verbessern durch den geringen CO_2-Ausstoß nicht nur die Ökobilanz, sie sorgen auch dafür, dass Gemüse, Obst & Co. vollreif, knackig frisch und reich an Vitalstoffen auf dem Teller landen. Die Förderung lokaler Erzeuger stärkt nicht nur die regionale Wirtschaft und erhält Arbeitsplätze; auch die Kulturlandschaft kann profitieren, z. B. durch die Pflege ökologisch wertvoller Strukturen wie Streuobstwiesen, Hecken oder extensiver Weideflächen. Außerdem können sich die Verbraucher vor Ort ein Bild von den Produktionsbedingungen machen – das schafft Transparenz und Vertrauen. Ein weiterer Vorteil: Wer direkt beim Landwirt kauft, kann auch Obst und Gemüse mit kleinen Makeln erwerben, das sonst nicht in den Handel kommen würde. Der Knackpunkt: Nicht überall, wo regional draufsteht, ist auch regional drin. Fragt insbesondere bei verarbeiteten Produkten nach, ob auch alle Bestandteile aus der Region stammen.

SAISONAL

Im späten Frühling, Sommer und Herbst ist die Auswahl an Obst, Gemüse und Kräutern riesengroß. In dieser Zeit empfiehlt es sich, ausschließlich auf die frische saisonale Ware zurückzugreifen. Denn so werden energieintensive Aspekte wie lange Lagerung, der Anbau in beheizten Gewächshäusern und der Transport aus weit entfernten Gebieten überflüssig – und das verbessert die Ökobilanz massiv. Auch im Dezember und Januar wird es nicht langweilig auf dem Teller, denn es gibt noch zahlreiche heimische Gemüse, frisch oder als Lagerware. Dazu gehören verschiedene Kohlsorten, Pastinaken, Rote Bete, Topinambur, Lauch, Feldsalat und Champignons, dazu als Lagerware Möhren und Kürbisse. Im Februar und März überwiegt die Lagerware. Weil die Lagerung zum Teil energieintensiv ist, kann in dieser Zeit der Speiseplan hin und wieder guten Gewissens mit importiertem Biogemüse und -südfrüchten aufgepeppt werden.

BIO

Die ökologische Landwirtschaft unterscheidet sich in einigen entscheidenden Punkten stark von der konventionellen. Und genau deshalb sind Bioprodukte die nachhaltigere Variante. So bringt der Verzicht auf chemische Spritzmittel viele Vorteile: Biolebensmittel sind fast immer frei von Pestizid- und Insektizidrückständen wie etwa Glyphosat oder den hochwirksamen, bienentötenden Neonikotinoiden. Eine Folge ist mehr Artenvielfalt auf und um den Acker, denn Wildkräuter und Insekten fühlen sich dort ohne Gift pudelwohl. Auch das Grundwasser wird nicht mit diesen bedenklichen Stoffen belastet. Der Einsatz von Stickstoff-Mineraldünger im konventionellen Anbau sorgt für einen erheblichen Ausstoß von Lachgas und Methan, beides hochwirksame Treibhausgase. Auch darauf verzichtet die ökologische Landwirtschaft. Statt die Böden auszulaugen, wird durch organischen Dünger die Humusschicht aufgebaut, was zum einen CO_2 bindet und gleichzeitig dafür sorgt, dass die Böden langfristig fruchtbar bleiben. Auch die umstrittene Gentechnik ist tabu. Zudem orientiert sich die ökologische Landwirtschaft stärker als die konventionelle am Leitbild der artgerechten Tierhaltung: Die Tiere haben mehr Platz zur Verfügung, erhalten häufiger Auslauf, wachsen langsamer und werden zu einem großen Teil mit betriebseigenem Futter versorgt. Das EU-Bio-Siegel ist jedoch nur die Basis und orientiert sich an den gesetzlichen Mindestvorschriften. Höhere Anforderungen haben etwa Bioland, Naturland oder Demeter, aber auch Biopark, Biokreis, Gäa, Ecoland und Ecovin.

PFLANZLICH

Die Regel ist einfach: Abgesehen von stark verarbeiteten pflanzlichen Lebensmitteln wie Tiefkühl-Pommesfrites haben tierische Lebensmittel eine viel schlechtere Ökobilanz als pflanzliche, ohne Ausnahme! Das liegt daran, dass den Tieren während des Wachstums jede Menge pflanzliche Kalorien zugeführt werden müssen. Das frisst landwirtschaftliche Fläche: Fast 80 Prozent der weltweiten Agrarflächen werden für die Fleischerzeugung genutzt, direkt als Weideflächen oder indirekt für den Anbau von Futtermitteln wie etwa Soja in Südamerika. Bei Kühen kommt noch der Faktor Methan dazu: Als Wiederkäuer rülpsen sie große Mengen des Treibhausgases in die Atmosphäre. Das alles schlägt sich natürlich in der CO_2-Bilanz nieder. Da liegen Butter und Rindfleisch auf den unrühmlichen Spitzenplätzen, mit etwas Abstand gefolgt von den anderen Milchprodukten und Fleischsorten. Tierische Produkte sorgen also für den größten Teil der Emissionen aus der Lebensmittelerzeugung (weitere Infos dazu auf S. 66). Wer sich vegan

ernährt, kann seine CO_2-Emissionen durch Lebensmittel im Vergleich zum durchschnittlichen Fleischesser nahezu halbieren. Die einfachste Art, den ökologischen Fußabdruck zu verringern, ist daher die Reduktion tierischer Lebensmittel. Die passenden Ideen dazu findet ihr im Rezeptteil dieses Buchs. Mein Tipp: Setzt euch Ziele für die Reduktion und kontrolliert diese mit einem »tierischen Tagebuch«.

UNVERPACKT

Die Sache mit dem Recycling klang so gut. Kunststoffverpackungen sammeln und wiederverwenden, das war die Idee. Die Realität sieht leider anders aus: Zwar werden laut Statistischem Bundesamt über 80 Prozent der Plastikverpackungen recycelt, ein großer Teil davon wird aber thermisch verwertet, also in Müllverbrennungsanlagen verfeuert. Da die Verpackungen in der Regel aus Erdöl hergestellt werden, handelt es sich schlicht um die Verbrennung fossiler Energieträger mit dem energieintensiven Zwischenschritt der Plastikerzeugung. Das ist natürlich nicht nachhaltig. Leider ist auch die Produktion von Glas energieintensiv, aber immerhin wird es vollständig recycelt. Papiertüten haben bei einmaligem Gebrauch auch keine bessere Ökobilanz. Was also tun? Möglichst viele Lebensmittel unverpackt kaufen ist die Lösung. Das geht bei Obst und Gemüse ganz leicht, bei anderen Lebensmitteln schwerer, aber mit den richtigen Quellen kann es klappen. Dafür braucht ihr zunächst einmal ein ordentliches Arsenal an wiederverwendbaren Einkaufsutensilien, etwa Netze und Taschen für Obst und Gemüse, Bienenwachstücher für Brot und Käse, Boxen für Fleisch und Fisch, Schraubgläser für Getreide, Müsli und Hülsenfrüchte und ein bisschen Planung. Mit ein wenig Routine werdet ihr aber schnell zu Meistern in dieser Disziplin. Und auch an der Verpackungsfront gibt es gute Nachrichten: Abbaubare Kunststoffe aus Zucker und Milchsäure könnten für die Zukunft eine echte Alternative darstellen.

UNVERARBEITET

Neben der Produktion und dem Transport von Lebensmitteln verursachen auch die Weiterverarbeitung und die Lagerung jede Menge Treibhausgasemissionen. Je größer der Grad der Verarbeitung ist und je länger und stärker das Lebensmittel gekühlt wird, umso schlechter ist seine Klimabilanz. Zudem enthalten stark verarbeitete Lebensmittel wie Fertigpizza häufig unerwünschte Zusatzstoffe, auf die wir gut verzichten können, und kommen dazu meist in aufwendiger Verpackung daher. Aus diesen Gründen gilt: Bevorzugt beim Einkauf frische und rohe Lebensmittel gegenüber tiefgekühlten oder stark verarbeiteten Produkten.

FAIR

Durch Konkurrenzdruck und den Einfluss von Handelsmultis liegen die Preise für landwirtschaftliche Erzeugnisse aus Entwicklungs- und Schwellenländern häufig so niedrig, dass die Erzeuger ihren Lebensunterhalt kaum bestreiten können. Dem wirken Initiativen für den fairen Handel entgegen, bei denen sich die Handelspartner verpflichten, Mindestpreise zu zahlen, um eine nachhaltige Produktionsweise zu ermöglichen. Mit den Einnahmen können die Erzeuger vor Ort ihre Infrastruktur ausbauen, umweltschonender arbeiten, Sozialstandards einführen und Bildungsinitiativen fördern. Alles in allem also eine gute Sache. Verschiedene Organisationen wie die World Fair Trade Organization (WFTO) oder TransFair vergeben dafür entsprechende Fairtrade-Siegel. Faire Handelsunternehmen sind zudem GEPA und El Puente. Doch fairer Handel spielt auch hierzulande eine wichtige Rolle, denn auch heimische Bauern leiden unter dem Preisdruck, beispielsweise die Milchbauern. Ein gutes Modell, das den beteiligten Landwirten ein sicheres Auskommen beschert, ist z. B. die Solidarische Landwirtschaft (siehe S. 23).

PFLANZLICHE EIWEISSQUELLEN

Wer sich überwiegend pflanzlich ernährt, sollte auf genügend Eiweißzufuhr achten. Hier die besten pflanzlichen Eiweißquellen:

1. Hülsenfrüchte wie Linsen, Bohnen, Kichererbsen und Erdnüsse
2. Tofu und Tempeh aus Biosoja
3. Pseudogetreide wie Quinoa, Buchweizen und Amaranth
4. Getreide wie Hafer, Dinkel, Hirse und Vollkornreis
5. Getreideprodukte wie Vollkornpasta, Bulgur und Couscous
6. Samen wie Hanf- und Leinsamen
7. Kerne wie Kürbis-, Sonnenblumen- und Pinienkerne
8. Nüsse wie Hasel- und Walnüsse
9. Pilze wie Champignons, Austernpilze und Pfifferlinge
10. Bestimmte Gemüsesorten wie Spinat, Brokkoli und Mais
11. Kartoffeln, Süßkartoffeln und Kürbis

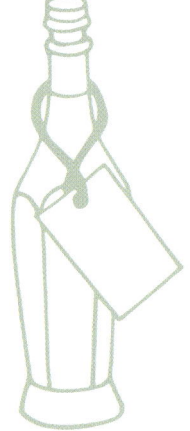

Wo kaufe ich nachhaltig?

Eure Entscheidung zählt! Denn nachhaltig einkaufen fängt mit der Wahl des Einkaufsorts an. Abgesehen vom Bioladen gibt es noch zahlreiche weitere nachhaltige Quellen, die vielleicht nicht jeder auf dem Schirm hat. Hier eine gute Übersicht.

DER WOCHENMARKT

Lokale Erzeuger bieten hier Obst, Gemüse und Kräuter der Saison, aber auch Milchprodukte, Eier, Fleisch, Fisch, Brot und andere lokale Spezialitäten unverpackt an. Sind die Lebensmittel zusätzlich in Bioqualität, ist das der Prototyp für nachhaltigen Konsum. Denn lokale Bioerzeuger sorgen für Vielfalt auf dem Teller, stehen für kurze Transportwege sowie faire Produktionsbedingungen und pflegen gleichzeitig die lokale Kulturlandschaft. Achtet jedoch darauf, dass die Lebensmittel tatsächlich aus der Region stammen, denn viele Händler kaufen stark nachgefragte Produkte zum Teil auch zu.

DER HOFLADEN

Vor Ort beim Erzeuger zu kaufen ist in der Großstadt vielleicht schwierig, in den ländlichen Regionen oder Stadtrandlagen erlebt die Direktvermarktung vom Hof jedoch eine Renaissance. Rund um meine Heimatstadt Münster gibt es beispielsweise eine zweistellige Zahl von Hofläden, einige davon sind Bioläden. Hier kann die Herkunft der Lebensmittel hautnah erlebt und nachvollzogen werden. Das gibt vielen Kunden zu Recht ein gutes Gefühl. Auch hier werden Obst und Gemüse der Saison, aber mitunter auch Käse und Fleisch unverpackt angeboten, dazu häufig Eingemachtes oder Honig. Bevorzugt – wie immer – die Bioerzeuger, denn diese stehen für echte Nachhaltigkeit.

GEMÜSEKISTE & BIOKISTE

Im wöchentlichen Abo oder auch als Einzelbestellung bieten immer mehr lokale Bauern Kisten mit Gemüse und Obst, aber auch Käse und Brot an. Meist kann der Inhalt vom Kunden sogar zielgenau ausgewählt und an die eigenen Bedürfnisse angepasst werden. So werden unnötige Abfälle vermieden. Durch die gesammelte Auslieferung sparen sich die Verbraucher zudem die Einkaufsfahrten, was im Alltag nicht nur superpraktisch ist, sondern unter Umständen auch noch Energie spart. Achtet für echte Nachhaltigkeit darauf, dass die Kiste lokale Bioprodukte enthält und Käse sowie Brot nicht unnötig verpackt werden.

DIE SOLIDARISCHE LANDWIRTSCHAFT

Die »Solawi« ist für mich das Modell der Zukunft: Denn bei ihr stehen die nachhaltige Erzeugung, die Regionalität und die Fairness bei der Vermarktung im Mittelpunkt. Auch Biohöfe stehen im freien Markt nämlich unter dem Druck, möglichst günstig zu produzieren, was zulasten der Landwirte und Flächen geht. Das Konzept der Solidarischen Landwirtschaft geht einen anderen Weg: Durch einen festen Mitgliedsbeitrag tragen private Haushalte die Kosten der Landwirtschaft eines Bio- oder Demeter-Hofs. Das ermöglicht dem Landwirt, sich unabhängig von den Zwängen des Marktes einer nachhaltigen, vielfältigen Bewirtschaftung zu widmen. Im Gegenzug erhalten die Teilhaber wöchentlich Ernteanteile: Gemüse, Obst und Kräuter, selbst produziertes Brot, Käse, Milchprodukte, Eier und mitunter auch Fleisch. Diese werden an festen Terminen verteilt oder können in Verteilstationen abgeholt werden. Ich finde dieses Konstrukt genial. Denn es enthält nicht nur alle relevanten Bausteine des nachhaltigen Konsums; vielmehr schafft es durch den persönlichen Kontakt zwischen Teilhabern und Landwirten vollkommene Transparenz, schont ganz nebenbei noch die natürlichen Ressourcen und fördert eine strukturreiche Kulturlandschaft. Zu finden sind die entsprechenden Betriebe im Internet, in Deutschland gibt es aktuell bei-

spielsweise 166 Höfe. Ein kleiner Tipp: Die Neugründung weiterer »Solawis« in eurer Region könnt ihr mit etwas Glück begünstigen, indem ihr euch mit ausreichend Interessierten zusammenschließt – etwa über soziale Netzwerke – und mit eurer Idee an lokale Bio- oder Demeter-Höfe herantretet.

BIOLADEN & BIOSUPERMARKT

Ein zweischneidiges Schwert: Denn zum einen sind sie Vorbild, da sie nur auf Bioprodukte setzen, zum anderen macht der Verpackungswahnsinn oft auch vor ihnen nicht halt. Außerdem stammt ein nicht zu unterschätzender Teil der Bioprodukte aus weit entfernten Regionen oder sogar aus Übersee. Bei diesen Lebensmitteln ist es schwierig, die Anbau- und Arbeitsbedingungen nachzuvollziehen, zudem kommt der Faktor Transport ins Spiel. Das ist natürlich nicht optimal. Setzen die Märkte aber verstärkt auf lokale und regionale Produzenten und unverpackte Lebensmittel, sind sie ein wichtiger Baustein für den nachhaltigen Konsum. Das könnt ihr mit euren Kaufentscheidungen beeinflussen.

DER UNVERPACKT-LADEN

In vielen größeren Städten ist er mittlerweile zu finden, und der Trend wird sich vermutlich fortsetzen, bis die großen Märkte auf den Zug aufspringen. Obst und Gemüse, aber vor allem trockene Zutaten wie Getreide, Nudeln, Hülsenfrüchte, Nüsse und Zerealien sind dort verpackungsfrei erhältlich, dazu Milchprodukte und Säfte in Pfandgläsern und -flaschen. Das spart jede Menge Müll. Nach meiner Erfahrung sind die Lebensmittel aber nicht unbedingt lokal hergestellt und in Bioqualität. Werden diese Anforderungen

erfüllt, sind Unverpackt-Läden nicht nur für Lebensmittel, sondern auch für Kosmetik und Reinigungsmittel eine sehr gute, nachhaltige Alternative.

DER WELTLADEN

Naturgemäß führen Weltläden keine lokalen und saisonalen Produkte. Dafür engagieren sie sich für den fairen Handel und unterstützen entsprechende Initiativen in den Entwicklungsländern. Die Lebensmittel werden größtenteils nach Biostandards produziert. Für den täglichen Bedarf sind diese Läden keine Alternative, aber um nachhaltige Strukturen in Entwicklungsländern zu fördern, lohnt sich gelegentlich der Kauf von »Exoten« wie Kaffee, Tee, Kakao oder Schokolade.

DAS REFORMHAUS

Der Urvater der alternativen Lebensmittelläden. Reformhäuser entstanden aus der Lebensreformbewegung des 19. Jahrhunderts, in ihnen wurden ab Beginn des 20. Jahrhunderts naturnahe und ökologisch produzierte Lebensmittel für eine vegetarische Lebensweise verkauft, aber auch Kosmetik und Naturheilmittel. Leider haben diese Läden den Bioboom etwas verschlafen, ihre Zahl ist rückläufig. Durch die verstärkte Konzentration auf lokale Produkte und die Zusammenarbeit mit Vollwertbäckereien sind sie jedoch durchaus eine gute Alternative. Mehr unverpackte Lebensmittel wären wünschenswert.

FOODSHARING- & FOODSAVER-LÄDEN

Das Ziel ist klar: das Wegwerfen noch essbarer Lebensmittel zu verhindern. Dafür werden Lebensmittel gerettet, deren Mindesthaltbarkeitsdatum überschritten ist, die optisch nicht für den Einzelhandel geeignet oder als Saisonartikel nicht mehr gefragt, aber unbestritten noch essbar sind. Foodsharing-Initiativen gibt es in allen größeren Städten. An festen Zeiten und Orten werden dort die Lebensmittel ausgegeben. Den Läden sind zum Teil auch Bistros angeschlossen, in denen aus dem Geretteten Mahlzeiten gekocht werden. Gezahlt wird dabei häufig als Spende. Beim Sharing und in Foodsaver-Läden geht es um die Vermeidung von Lebensmittelabfällen. So leisten sie einen wichtigen Beitrag zum nachhaltigen Konsum. Da die Herkunft, Verpackung und Produktionsweise der Lebensmittel keine Rolle spielt, ändern sie aber nichts an den grundlegenden Strukturen in der Lebensmittelindustrie.

SUPERMARKT UND DISCOUNTER

Auf den ersten Blick sind sie für Anhänger der nachhaltigen Lebensweise ein echter Albtraum: Unmengen von Plastikverpackungen, Fertigprodukte mit fragwürdigen Inhaltsstoffen wie Palmöl und lauter Billigstangebote. Eines ist jedoch klar: Supermärkte und Discounter haben hierzulande mit Abstand den höchsten Marktanteil im Lebensmittelhandel. Damit können sie auch ganz wesentlich die Produktionsbedingungen diktieren. Das macht die Sache aus Nachhaltigkeitsgesichtspunkten interessant: Fast jeder Konsument wird über diese Märkte erreicht. Sie sind ein Abbild unserer Gesellschaft, denn es findet sich nur in den Regalen, was auch gerne gekauft wird. Veränderungen im Sortiment haben also eine wichtige Multiplikatorfunktion. Schon heute werden in Supermärkten und Discountern aufgrund großen Anklangs mehr Bioprodukte verkauft als im klassischen Biohandel. Wer also die richtigen Produkte kauft, kann etwas verändern. Gezielt regionale, saisonale, unverpackte oder nachhaltig verpackte, fair produzierte Bioprodukte nachzufragen kann dafür sorgen, dass die großen Player Stück für Stück nachhaltiger werden und die entsprechenden Lebensmittel flächendeckend für alle zugänglich werden. Der Supermarkt ist für uns »Food-for-Future«-Aktivisten also ein Ort, um mit dem Einkauf Politik zu machen.

10 TIPPS FÜR DEN NACHHALTIGEN EINKAUF

1. Nutzt nachhaltige Verkehrsmittel wie Fahrrad und Bus oder geht zu Fuß.
2. Mit einem Lastenfahrrad sind auch größere Einkäufe machbar.
3. Bei gelegentlichem Großeinkauf mit dem Auto: Erledigt Einkäufe als Abstecher auf ohnehin getätigten Autofahrten oder bildet Fahrgemeinschaften.
4. Kauft vor Ort ein statt in weit entfernten Einkaufszentren.
5. Nutzt statt Plastik- und Papiertüten sowie wiederverwendbare Netze und Taschen aus Naturmaterialien.
6. Nutzt langlebige Transportboxen, Gläser und Bienenwachsfolie für den verpackungsfreien Einkauf.
7. Habt für spontane Einkäufe immer Netze und Taschen dabei.
8. Macht euch Einkaufslisten und geht nicht hungrig einkaufen, denn in letzterem Fall wird spontan garantiert mehr gekauft, als gebraucht wird.
9. Pfand bedeutet nicht gleich Mehrweg: Verzichtet auf Einwegpfandflaschen.
10. Verbannt Flugware und Waren aus Übersee wie Avocados aus eurem täglichen Speiseplan.

JANUAR

GEMÜSE
Kartoffeln *
Chinakohl **
Grünkohl
Knollensellerie **
Meerrettich
Pastinaken **
Petersilienwurzeln
Kürbis *
Lauch
Rettich **
Rote Bete **
Rotkohl **
Wirsing **
Schwarzwurzeln *
Schalotten**
Spitzkohl *
Rosenkohl *
Zwiebeln *
Weißkohl **
Karotten **

SALATE
Feldsalat
Chicorée

KRÄUTER
Minze

PILZE
Champignons ***
Kräuterseitlinge ***
Austernpilze ***
Shiitakepilze ***

OBST
Äpfel **
Zitronen (aus Südeuropa)
Birnen *
Orangen (aus Südeuropa)

FEBRUAR

GEMÜSE
Kartoffeln *
Grünkohl *
Knollensellerie **
Meerrettich
Pastinaken **
Petersilienwurzeln
Kürbis*
Lauch
Rettich **
Rote Bete **
Rotkohl **
Wirsing **
Schwarzwurzeln *
Schalotten **
Spitzkohl *
Rosenkohl *
Zwiebeln *
Weißkohl **
Karotten **

SALATE
Feldsalat
Chicorée

KRÄUTER
Minze

PILZE
Champignons ***
Kräuterseitlinge ***
Austernpilze ***
Shiitakepilze ***

OBST
Zitronen (aus Südeuropa)
Orangen (aus Südeuropa)

MÄRZ

GEMÜSE
Kartoffeln *
Knollensellerie **
Pastinaken **
Kürbis *
Lauch
Rettich**
Rote Bete **
Rotkohl **
Wirsing **
Schwarzwurzeln *
Schalotten**
Rosenkohl *
Zwiebeln *
Weißkohl **
Karotten **

SALATE
Kopfsalat
Feldsalat
Brunnenkresse
Chicorée

KRÄUTER
Schnittlauch
Bärlauch
Minze

PILZE
Champignons ***
Kräuterseitlinge ***
Austernpilze ***
Shiitakepilze ***

OBST
Zitronen (aus Südeuropa)
Orangen (aus Südeuropa)

Saisonkalender

* = Lagerware
** = Lagerware empfehlenswert
*** = aus heimischer Zucht

APRIL

GEMÜSE
Kartoffeln *
Spargel
Blumenkohl
Gurke (Freiland)
Frühlingszwiebeln
Lauch
Radieschen
Spinat
Zwiebeln *

SALATE
Kopfsalat
Rucola
Feldsalat
Brunnenkresse

KRÄUTER
Basilikum
Schnittlauch
Bärlauch
Minze
Petersilie
Sauerampfer

PILZE
Champignons ***
Kräuterseitlinge ***
Austernpilze ***
Shiitakepilze ***

OBST
Zitronen (aus Südeuropa)
Rhabarber

MAI

GEMÜSE
Kartoffeln *
Spargel
Auberginen
Sellerie
Blumenkohl
Brokkoli
Chinakohl
Gurke (Freiland)
Kohlrabi
Frühlingszwie-
  beln
Mairüben
Lauch
Radieschen
Rettich
Wirsing
Mangold
Spinat
Spitzkohl
Zwiebeln *
Weißkohl
Queller

SALATE
Endiviensalat
Kopfsalat
Rucola
Feldsalat
Brunnenkresse

KRÄUTER
Basilikum
Schnittlauch
Zitronenmelisse
Bärlauch
Dill
Kerbel
Koriander
Minze
Petersilie
Rosmarin
Salbei
Thymian
Sauerampfer

PILZE
Champignons ***
Kräuterseitlinge ***
Austernpilze ***
Shiitakepilze ***

OBST
Erdbeeren
Zitronen (aus Südeuropa)
Nektarinen (aus Südeuropa)
Pfirsiche (aus Südeuropa)
Rhabarber

JUNI

GEMÜSE
Kartoffeln
Spargel
Auberginen
Sellerie
Blumenkohl
Brokkoli
Chilischoten
Chinakohl
Zucchini
Erbsen
Knoblauch
Gurke (Freiland)
Kohlrabi
Frühlingszwie-
  beln
Mairüben
Lauch
Radieschen
Rettich
Rote Bete
Rotkohl
Wirsing
Mangold
Spinat
Spitzkohl
Zuckerschoten
Zwiebeln *
Fenchel
Weißkohl
Möhren
Queller

SALATE
Endiviensalat
Kopfsalat
Roter Chicorée
Rucola
Feldsalat

KRÄUTER
Basilikum
Schnittlauch
Zitronenmelisse
Dill
Kerbel
Koriander
Liebstöckel
Majoran
Minze
Petersilie
Rosmarin
Salbei
Thymian

PILZE
Champignons ***
Kräuterseitlinge ***
Austernpilze ***
Shiitakepilze ***

OBST
Erdbeeren
Zitronen (aus
  Südeuropa)
Himbeeren
Kirschen
Nektarinen (aus
  Südeuropa)
Pfirsiche (aus
  Südeuropa)
Rhabarber
Johannisbeeren

JULI

GEMÜSE

Kartoffeln	Lauch
Auberginen	Radieschen
Sellerie	Rettich
Blumenkohl	Rote Bete
Brokkoli	Rotkohl
Chilischoten	Wirsing
Chinakohl	Schalotten
Zucchini	Mangold
Erbsen	grüne Bohnen
Knoblauch	Spinat
Knollensellerie	Spitzkohl
Gurken (Frei-	Zuckerschoten
land)	Tomaten
Kohlrabi	Zwiebeln
Frühlingszwie-	Fenchel
beln	Weißkohl
Mairüben	Möhren
Paprika	Queller

SALATE

Endiviensalat	Roter Chicorée
Kopfsalat	Rucola
Postelein	Feldsalat

KRÄUTER

Basilikum	Liebstöckel
Schnittlauch	Majoran
Bohnenkraut	Minze
Zitronenmelisse	Petersilie
Dill	Rosmarin
Kerbel	Salbei
Koriander	Thymian

PILZE

Pfifferlinge
Champignons ***
Kräuterseitlinge ***
Austernpilze ***
Shiitakepilze ***

OBST

Erdbeeren	Stachelbeeren
Aprikosen (aus	Mirabellen
Südeuropa)	Nektarinen (aus
Heidelbeeren	Südeuropa)
Zitronen (aus	Pfirsiche (aus
Südeuropa)	Südeuropa)
Himbeeren	Rhabarber
Kirschen	Johannisbeeren

AUGUST

GEMÜSE

Kartoffeln	Radieschen
Auberginen	Rettich
Sellerie	Rote Bete
Blumenkohl	Rotkohl
Brokkoli	Wirsing
Chilischoten	Schalotten
Chinakohl	Mangold
Zucchini	grüne Bohnen
Erbsen	Spinat
Knoblauch	Spitzkohl
Knollensellerie	Zuckerschoten
Gurken (Frei-	Tomaten
land)	Zwiebeln
Kohlrabi	Fenchel
Frühlingszwie-	Weißkohl
beln	Möhren
Zuckermais	Queller
Mairüben	Süßkartoffeln
Paprika	(einheimische)
Lauch	

SALATE

Endiviensalat	Roter Chicorée
Kopfsalat	Rucola
Postelein	Feldsalat

KRÄUTER

Basilikum	Liebstöckel
Schnittlauch	Majoran
Bohnenkraut	Minze
Zitronenmelisse	Petersilie
Dill	Rosmarin
Kerbel	Salbei
Koriander	Thymian

PILZE

Pfifferlinge	Shiitakepilze ***
Austernpilze ***	
Champignons ***	
Kräuterseitlinge ***	

OBST

Erdbeeren	Stachelbeeren
Aprikosen (aus	Mirabellen
Südeuropa)	Nektarinen (aus
Äpfel	Südeuropa)
Heidelbeeren	Birnen
Zitronen (aus	Pfirsiche (aus
Südeuropa)	Südeuropa
Himbeeren	Pflaumen
Kirschen	Johannisbeeren

SEPTEMBER

GEMÜSE

Kartoffeln	Pastinaken
Topinambur	Kürbis
Auberginen	Lauch
Sellerie	Radieschen
Blumenkohl	Rettich
Brokkoli	Rote Bete
Chilischoten	Rotkohl
Chinakohl	Wirsing
Zucchini	Schalotten
Erbsen	Mangold
Knoblauch	grüne Bohnen
Knollensellerie	Spinat
Gurken (Frei-	Spitzkohl
land)	Tomaten
Kohlrabi	Zwiebeln
Frühlingszwie-	Fenchel
beln	Weißkohl
Zuckermais	Möhren
Mairüben	Süßkartoffeln
Paprika	(einheimische)

SALATE

Endiviensalat	Roter Chicorée
Kopfsalat	Rucola
Postelein	Feldsalat

KRÄUTER

Basilikum	Majoran
Schnittlauch	Minze
Bohnenkraut	Petersilie
Dill	Rosmarin
Kerbel	Salbei
Koriander	Thymian
Liebstöckel	

PILZE

Pfifferlinge	Shiitakepilze ***
Austernpilze ***	
Champignons ***	
Kräuterseitlinge ***	

OBST

Erdbeeren	Birnen
Äpfel	Pfirsiche (aus
Zitronen (aus	Südeuropa)
Südeuropa)	Pflaumen
Trauben	Nüsse
Himbeeren	Haselnüsse
Stachelbeeren	Maronen
Nektarinen (aus	Walnüsse
Südeuropa)	

OKTOBER

GEMÜSE

Kartoffeln	Pastinaken
Topinambur	Kürbis
Auberginen	Lauch
Sellerie	Radieschen
Blumenkohl	Rettich
Brokkoli	Rote Bete
Chilischoten	Rotkohl
Chinakohl	Wirsing
Zucchini	Schwarzwurzeln
Erbsen	Schalotten **
Grünkohl	Mangold
Knoblauch	grüne Bohnen
Knollensellerie	Spinat
Gurken (Frei-	Spitzkohl
land)	Rosenkohl
Kohlrabi	Tomaten
Frühlingszwie-	Zwiebeln
beln	Fenchel
Zuckermais	Weißkohl
Meerrettich	Möhre
Paprika	

SALATE

Endiviensalat	Rucola
Kopfsalat	Feldsalat
Postelein	Chicorée
Roter Chicorée	

KRÄUTER

Bohnenkraut	Rosmarin
Minze	Salbei
Petersilie	

PILZE

Pfifferlinge
Champignons ***
Kräuterseitlinge ***
Austernpilze ***
Shiitakepilze ***

OBST

Zitronen (aus	Nüsse
Südeuropa)	Haselnüsse
Trauben	Maronen
Himbeeren	Walnüsse
Birnen *	
Orangen (aus	
Südeuropa)	

NOVEMBER

GEMÜSE

Kartoffeln	Radieschen
Topinambur	Rettich
Sellerie	Rote Bete
Blumenkohl	Rotkohl
Brokkoli	Wirsing
Chinakohl	Schwarzwurzeln
Grünkohl	Schalotten **
Knollensellerie	Spinat
Frühlingszwie-	Spitzkohl
beln	Rosenkohl
Meerrettich	Zwiebeln *
Pastinaken	Fenchel
Petersilienwur-	Weißkohl
zeln	Möhren
Kürbis	
Lauch	

SALATE

Endiviensalat	Feldsalat
Kopfsalat	Brunnenkresse
Postelein	Chicorée
Roter Chicorée	
Rucola	

KRÄUTER

Minze	Salbei
Petersilie	
Rosmarin	

PILZE

Champignons ***
Kräuterseitlinge ***
Austernpilze ***
Shiitakepilze ***

OBST

Äpfel **	Orangen (aus
Zitronen (aus	Südeuropa)
Südeuropa)	Nüsse
Trauben	Maronen
Birnen *	Walnüsse

DEZEMBER

GEMÜSE

Kartoffeln *	Rote Bete **
Chinakohl *	Rotkohl **
Grünkohl	Wirsing **
Knollenselle-	Schwarzwur-
rie **	zeln *
Meerrettich	Schalotten **
Pastinaken **	Spitzkohl *
Petersilienwur-	Rosenkohl
zeln	Zwiebeln *
Kürbis *	Weißkohl **
Rettich **	Möhren **

SALATE

Postelein	Brunnenkresse
Feldsalat	Chicorée

KRÄUTER

Minze

PILZE

Champignons ***
Kräuterseitlinge ***
Austernpilze ***
Shiitakepilze ***

OBST

Äpfel **	Orangen (aus
Zitronen (aus	Südeuropa)
Südeuropa)	Nüsse
Birnen *	Maronen

* = Lagerware
** = Lagerware empfehlenswert
*** = aus heimischer Zucht

Nachhaltigkeit im Überblick

Leider ist das Thema Nachhaltigkeit außerordentlich komplex, und
es ist gar nicht so leicht, den Überblick zu behalten. Damit dir das
besser gelingt, habe ich die wichtigsten Aspekte in kurzen Formeln
zusammengefasst. Sie sind quasi mein »Mantra der Nachhaltigkeit«.
Wer sich daran orientiert, macht definitiv nichts falsch.

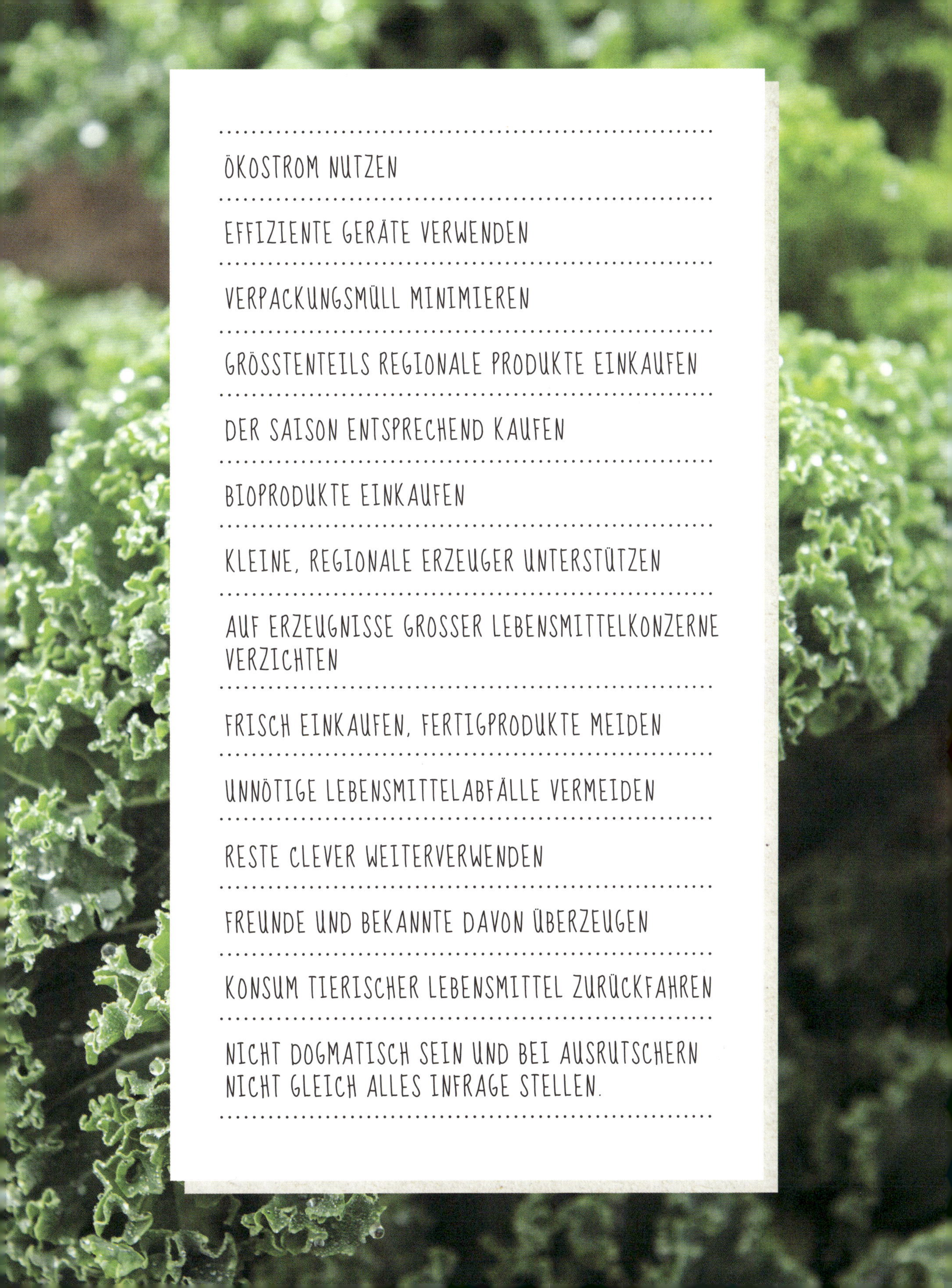

ÖKOSTROM NUTZEN

EFFIZIENTE GERÄTE VERWENDEN

VERPACKUNGSMÜLL MINIMIEREN

GRÖSSTENTEILS REGIONALE PRODUKTE EINKAUFEN

DER SAISON ENTSPRECHEND KAUFEN

BIOPRODUKTE EINKAUFEN

KLEINE, REGIONALE ERZEUGER UNTERSTÜTZEN

AUF ERZEUGNISSE GROSSER LEBENSMITTELKONZERNE
VERZICHTEN

FRISCH EINKAUFEN, FERTIGPRODUKTE MEIDEN

UNNÖTIGE LEBENSMITTELABFÄLLE VERMEIDEN

RESTE CLEVER WEITERVERWENDEN

FREUNDE UND BEKANNTE DAVON ÜBERZEUGEN

KONSUM TIERISCHER LEBENSMITTEL ZURÜCKFAHREN

NICHT DOGMATISCH SEIN UND BEI AUSRUTSCHERN
NICHT GLEICH ALLES INFRAGE STELLEN.

KAPITEL 2

EAT GREENER

Ich habe zwei gute Nachrichten. Die erste: Mit den 27 Rezepten in diesem Kapitel tut ihr einen großen Schritt in Richtung »grüne Küche«. Die zweite: Ab jetzt landen weniger tierische Produkte auf dem Teller – und trotzdem schmeckt alles garantiert noch genauso fantastisch.

Denn machen wir uns nichts vor: Ohne die Reduktion von Fleisch, Fisch, Eiern und Milchprodukten rückt der Traum von Nachhaltigkeit in weite Ferne.

Reduktion heißt aber zum Glück nicht Verzicht: Als Autor mehrerer veganer und vegetarischer Kochbücher weiß ich zwar, dass man rein pflanzlich echtes »Soulfood« auf den Teller zaubern kann, doch ist die gelegentliche Lust auf Fleisch und Käse auch mir nicht fremd. Deshalb habe ich neben jeder Menge verführerischer vegetarischer und veganer Gerichte auch einige nachhaltige Fleischgerichte entwickelt. Diese zeichnen sich durch zwei wichtige Eigenschaften aus: Die Fleischmenge wird bewusst klein gehalten, und das Fleisch stammt aus Biobetrieben der Region oder als nachhaltiges Wildfleisch direkt aus den heimischen Wäldern.

Ab jetzt wird also mit gutem Gewissen geschmaust. Meist pflanzlich, gelegentlich mit tierischen Produkten ... und immer nachhaltig!

GREENIE-BLINIS MIT ERBSENCREME

Lachs und Kaviar haben heute mal frei. Denn die luftigen grünen Blini-Träumchen werden auch mit Erbsen-Minze-Creme, knackigem Rettich und Schwarzkümmel formidabel getoppt.

FÜR DEN TEIG

50 g Spinat

150 ml Buchweizendrink (siehe S. 145)

½ TL Zucker

½ Würfel Frischhefe

60 g Weizenmehl Type 550

75 g Buchweizenmehl

½ TL Salz

1 Ei (Größe M)

AUSSERDEM

1 Stück Rettich, 5 cm lang

1½–2 EL Zitronensaft

1½ EL Öl

Salz

200 g frische Erbsen

2 Stiele Minze

Öl zum Ausbacken

1–2 TL Schwarzkümmel

1 Handvoll Sprossen, z. B. Rote-Bete-Sprossen

Für den Teig den Spinat mit dem Buchweizendrink und dem Zucker fein pürieren, die Hefe unterrühren. Beide Mehlsorten mit dem Salz in einer Schüssel mischen. Die Buchweizendrink-Spinat-Hefe-Mischung sowie das Ei dazugeben und alles zu einem glatten Teig verrühren. Zugedeckt an einem warmen Ort 1 Stunde gehen lassen.

Den Rettich in dünne Scheiben hobeln. Mit ½ Esslöffel Zitronensaft, ½ Esslöffel Öl sowie etwas Salz mischen und 10 Minuten ruhen lassen.

Die Erbsen in kochendem Salzwasser 2 Minuten blanchieren, in ein Sieb abgießen, kalt abschrecken und abtropfen lassen. Minzeblätter von den Stielen zupfen und mit Erbsen, 1 Esslöffel Zitronensaft sowie 1 Esslöffel Öl fein pürieren. Mit Salz und Zitronensaft abschmecken.

Die Rettichscheiben jeweils einmal zur Mitte hin einschneiden und zu Kegeln zusammenrollen.

Aus dem Teig in einer Pfanne in Öl in mehreren Portionen bei mittlerer Hitze ca. 24 Blinis backen, bis sie rundherum leicht gebräunt sind, dabei einmal wenden. Blinis auf eine Servierplatte legen. Jeweils 1 Klecks Erbsenpüree daraufsetzen und anschließend 1 Rettichkegel mit der Öffnung nach oben in die Creme drücken. Mit Schwarzkümmel und Sprossen bestreuen und servieren.

TIPP

Beim Ausbacken gehen die Blinis noch etwas auf. Mir reicht das völlig. Für alle, die es noch luftiger mögen, habe ich folgenden Tipp: Das Ei trennen und zunächst nur das Eigelb in den Teig geben. Das Eiweiß kühl stellen. Nach dem Gehen des Teigs das Eiweiß mit 1 Prise Salz steif schlagen und unterheben. Dann die Blinis wie beschrieben ausbacken.

Vorspeisenbüfetts strotzen meist geradezu vor tierischen Produkten. Total unnötig, denn diese kleinen Entreewunder beweisen, dass sich auch rein pflanzlich richtig lecker snacken lässt.

20 MIN.   2   VEGETARISCH

2 EL Zitronensaft

3 ½ EL Öl

Salz

1 gelber oder grüner Zucchino,
ca. 300 g

2 Frühlingszwiebeln

1 EL Haselnusskerne

1 EL Apfelessig

1 TL Honig

8 Scheiben Baguette oder Pain
Paillasse oder Ciabatta

1 Knoblauchzehe

ZUCCHINI-CROSTINI

Für die Marinade Zitronensaft und 1 Esslöffel Öl verrühren, mit Salz würzen. Zucchino schräg in dicke Scheiben schneiden. 1 weiterer Esslöffel Öl in einer großen Pfanne erhitzen und die Zucchinoscheiben darin auf beiden Seiten anbraten, ohne dass sie bräunen. Herausnehmen und in der Marinade wenden.

Frühlingszwiebeln in Ringe schneiden. Haselnusskerne grob hacken. Beides mit Apfelessig, Honig und ½ Esslöffel Öl mischen sowie mit Salz würzen. Brotscheiben rundherum mit dem restlichen Öl bestreichen und in der Pfanne auf beiden Seiten goldbraun rösten. Den Knoblauch halbieren und die Brote damit abreiben. Anschließend mit Zucchinoscheiben belegen und je 1 bis 2 Teelöffel Frühlingszwiebelmix darauf anrichten. Servieren.

35 MIN.   40 MIN.   2   VEGAN

400 g Hokkaidokürbisfruchtfleisch
ohne Kerne

Öl zum Backen und Braten

4 EL Hefeflocken

½ TL gemahlener Kreuzkümmel

½ TL edelsüßes Paprikapulver

⅓ TL Salz

1 Prise Cayennepfeffer

4 EL Weizenmehl Type 550

4 EL Sesam

KÜRBISKROKETTEN

Den Backofen auf 140 °C (Umluft) vorheizen. Kürbis klein schneiden, mit ½ Esslöffel Öl mischen, auf ein Backblech geben und im Backofen 40 Minuten backen. Aus dem Ofen nehmen, etwas abkühlen lassen und mit Hefeflocken, ½ Esslöffel Öl, Kreuzkümmel, Paprikapulver, Salz und Cayennepfeffer fein pürieren. Aus der Masse 8 Kroketten formen.

Das Mehl mit etwas Wasser in einem tiefen Teller zu einem dickflüssigen Teig verrühren. Sesam auf einen zweiten Teller häufen. Die Kroketten zuerst in der Mehlmischung und dann im Sesam wenden. In einer Pfanne in Öl rundherum braun braten, abtropfen lassen.

TIPP

Zum Anrichten z. B. auf geröstete Brotstreifen legen, je 1 Paprikaspalte sowie 1 Teelöffel Aprikosenchutney (siehe S. 153) daraufgeben und mit etwas Schwarzkümmel bestreuen.

20 MIN. 2 VEGAN

1 fingerdickes Bund Schnittlauch

50 g weiche Margarine (vegan)

1 Knoblauchzehe

1 Prise gemahlene Kurkuma

1 Prise Cayennepfeffer

1 Mini-Prise Kala Namak (nach

Belieben)

Salz

Pfeffer

3 Zweige Thymian

8 große Pfifferlinge

1 EL Öl

8 Cracker, z.B. Fenchelcracker

(siehe S. 156)

CRACKER MIT PFIFFERLINGEN

Schnittlauch in feine Ringe schneiden und mit Margarine in eine Schüssel geben. Knoblauch abziehen und halbieren, eine Hälfte zur Margarinemischung pressen. Kurkuma und Cayennepfeffer sowie nach Belieben Kala Namak hinzufügen. Alles gut verrühren, mit Salz und Pfeffer abschmecken.

Die Thymianblättchen von den Zweigen zupfen. Pfifferlinge putzen und in einer Pfanne im Öl rundherum 5 bis 7 Minuten braten, bis die Pilze leicht gebräunt und gar sind. Nach der Hälfte der Zeit den Thymian dazugeben und die restliche Knoblauchhälfte dazupressen. Mit Salz und Pfeffer würzen.

Die Cracker mit der Schnittlauch»butter« bestreichen, mit den Pilzen belegen und servieren.

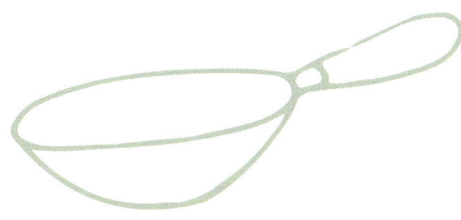

55 MIN. 2 VEGAN

100 g Hirse

Salz

1 Knoblauchzehe

½ Biozitrone

½ TL gemahlene Kurkuma

Pfeffer

Öl zum Ausbacken

HIRSEBÄLLCHEN

Die Hirse in einem Sieb waschen und anschließend mit 225 Milliliter Wasser bei nicht zu starker Hitze 15 Minuten zugedeckt köcheln lassen, dabei nach 10 Minuten salzen. Danach noch 10 Minuten zugedeckt ziehen lassen.

Hirse auflockern, Knoblauch abziehen und dazupressen. Die Zitronenschale fein abreiben, den Saft auspressen. Schale und Saft mit Kurkuma unter die Hirse mischen. Mit Salz und Pfeffer würzen.

Aus der Hirsemasse 8 bis 10 Bällchen formen und diese etwas flach drücken. Das Öl 2 Zentimeter hoch in einen kleinen Topf geben und erhitzen. Die Hirsebällchen darin in 6 bis 8 Minuten rundherum braun ausbacken, anschließend abtropfen lassen.

Zum Anrichten z.B. mit je 1 Basilikumblättchen und 2 bis 3 Esslöffeln halb getrockneten Tomaten mit Fenchelstielen (siehe S. 124) belegen.

Zucchini-Crostini

Cracker mit Pfifferlingen

Kürbiskroketten

Hirsebällchen

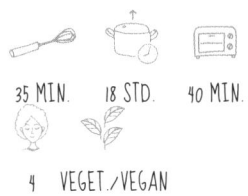

FÜR DEN TEIG

350 g Dinkelmehl Type 630

150 g Weizenvollkornmehl

1 TL Salz

1 TL Zucker

5 g Frischhefe

3 EL Joghurt (wahlweise pflanzlich)

3 ½ EL Öl

Mehl für die Arbeitsfläche

AUSSERDEM

700 g Tomaten

2 Knoblauchzehen

½ Bund Petersilie

½ TL gemahlener Kreuzkümmel

2 Prisen Cayennepfeffer

1 ½ TL Honig oder 1 TL Zucker

1 EL Weißweinessig

1 EL Öl

Salz, Pfeffer

1 kleine Aubergine, ca. 250 g

Öl zum Braten

TOMATEN-PIDE MIT AUBERGINEN

Diese auf Wunsch vegane Version der Pide ist einfach genial: Würzig marinierte Tomaten, gegrillte Aubergine und aromatische Kräuter-Tahin als kleines Extra sorgen für ordentlich Wumms!

Für den Teig am Vortag beide Mehlsorten in einer Schüssel mit Salz und Zucker mischen. Die Hefe in 300 Milliliter lauwarmem Wasser auflösen und mit Joghurt sowie Öl zur Mehlmischung geben. Zuerst mit dem Holzlöffel verrühren, dann mit den Händen zu einem glatten Teig verkneten und zugedeckt 18 Stunden bei Zimmertemperatur gehen lassen.

Am nächsten Tag die Tomaten klein würfeln. Knoblauch abziehen und fein würfeln. Petersilie samt Stängeln fein hacken. Tomaten, Knoblauch und Petersilie mit den Gewürzen, dem Honig sowie Essig und Öl mischen. Mit Salz und Pfeffer abschmecken. Die Aubergine in 20 Scheiben schneiden und diese portionsweise in Öl auf beiden Seiten goldbraun braten. Salzen, pfeffern und herausnehmen. Den Backofen auf 220 °C vorheizen.

Den Teig auf der bemehlten Arbeitsfläche noch einmal durchkneten und vierteln. Die Teigstücke oval auf etwa 15 × 35 Zentimeter ausrollen und jeweils 2 Teiglinge der Länge nach auf zwei Backbleche legen. Mit den leicht abgetropften marinierten Tomaten und den Auberginenscheiben belegen, dabei rundherum einen 1 bis 2 Zentimeter breiten Rand frei lassen. Die Ränder der Längsseiten nach innen klappen, die schmalen Enden etwas in die Länge ziehen und zusammendrücken.

Die Pide portionsweise auf der mittleren Schiene des Backofens etwa 20 Minuten goldbraun backen. Fertige Pide teilen, auf Tellern anrichten, nach Belieben mit Kräuter-Tahin (siehe Tipp) beträufeln und servieren. Inzwischen die zweite Portion backen.

TIPP

Für den Extra-Frischekick sorgt aromatische Kräuter-Tahin. Dafür ½ Bund Petersilie und 1 Bund Minze grob hacken, bei der Minze vorher die harten Stiele entfernen. 1 Knoblauchzehe abziehen und grob würfeln. Alles mit 2 Esslöffeln Zitronensaft, 2 Esslöffeln Öl und 1 Esslöffel Tahin (Sesammus) fein pürieren und mit Salz sowie Pfeffer abschmecken. Nach dem Backen über die Pide träufeln.

THE FAMOUS VEGGIE-BURGER

Grünkern wird leider immer noch unterschätzt. Richtig gewürzt, zu Pattys gepresst und knusprig braun gebraten wird aus dem Schrot nämlich ein richtig herzhafter Burger-Spaß.

FÜR DIE BUNS

2 EL + ½ EL Pflanzendrink, z. B. Buchweizendrink (siehe S. 145)

1 EL Zucker

¼ Würfel Frischhefe

230 g Dinkelmehl Type 630

½ TL Salz

1 Ei (Größe M)

30 g weiche Margarine (vegan)

je 1 TL rote und weiße Quinoa

FÜR DIE PATTYS

250 ml Gemüsebrühe

180 g Grünkernschrot

1 Zwiebel

100 g Möhre

ca. 4 EL Öl

30 g Buchweizen

1 Zweig Rosmarin

1 EL Dinkelmehl

1 EL Dijonsenf

2 TL Garam Masala

1 Ei (Größe M)

Salz, Pfeffer

Für die Buns in einer Rührschüssel 2 Esslöffel Pflanzendrink mit 70 Milliliter warmem Wasser und Zucker mischen. Die Hefe darin auflösen und 5 bis 10 Minuten gehen lassen, bis sie Blasen wirft. Mehl und Salz mischen. Das Ei verquirlen und die Hälfte davon mit dem Mehl und der Margarine zur Hefemischung geben. Mit den Knethaken des Handrührgeräts in 5 bis 7 Minuten zu einem glatten Teig verarbeiten. An einem warmen Ort zugedeckt 1 Stunde gehen lassen.

Den Teig erneut durchkneten und anschließend daraus mit feuchten Händen 4 Kugeln formen. Diese mit großem Abstand zueinander auf ein mit einer Backmatte ausgelegtes Blech legen. Das restliche Ei mit dem restlichen Pflanzendrink verquirlen und die Brötchen damit bestreichen. Mit Quinoa bestreuen und noch einmal ca. 40 Minuten gehen lassen.

Für die Pattys die Gemüsebrühe in einem Topf erhitzen. Grünkernschrot einrieseln lassen, aufkochen und 1 Minute köcheln lassen. Den Herd ausschalten und den Schrot zugedeckt 15 Minuten quellen lassen. In der Zwischenzeit den Backofen auf 200 °C vorheizen.

Währenddessen die Zwiebel abziehen und die Möhre schälen. Die Zwiebel in kleine Würfel schneiden, die Möhre raspeln. 1 Esslöffel Öl in einer Pfanne erhitzen und das Gemüse sowie den Buchweizen und den Rosmarin darin andünsten. Den Rosmarinzweig nach dem Dünsten entfernen.

Die Buns auf der mittleren Schiene des vorgeheizten Ofens 15 Minuten backen. Herausnehmen, auf einem Kuchengitter abkühlen lassen und dann aufschneiden.

Den Grünkernschrot auflockern und das gedünstete Gemüse untermischen. Mehl, Senf, Garam Masala und Ei dazugeben, mit Salz und Pfeffer würzen und die Masse kräftig durchkneten. Mit Salz und Pfeffer abschmecken.

Die Masse mit den Händen oder in einer Burgerpresse zu Pattys pressen. Restliches Öl in einer Pfanne erhitzen, die Pattys darin 3 bis 4 Minuten anbraten, dann wenden und in 3 bis 4 Minuten fertig braten. Die Buns nach Wunsch belegen (siehe Tipp).

TIPP

Du kannst den Burger einfach ganz nach deinem Geschmack belegen. Mein Favourite sieht so aus: Je 1½ Esslöffel vegane Mayo und körnigen Senf mischen und die Ober- und Unterseiten der Buns damit bestreichen. Mit Salatblättern, Zwiebelringen, Pattys sowie Tomatenscheiben belegen und alles mit Gurkenrelish (siehe S. 152) krönen. Zusammenklappen und aus der Hand genießen!

Vegane
Thymian-Nuss-»Butter«

Paprikarahm

Wildschweinragout

Hanfpesto

Pasta gehört nicht nur für mich seit der Kindheit zu den absoluten Favourites. Hier stelle ich vier nachhaltige Saucen vor, die Bolognese und Carbonara garantiert aufs Abstellgleis schieben.

HANFPESTO

10 MIN. 2 VEGETARISCH

2 EL Hanfsamen

1 Knoblauchzehe

4 Stiele Minze

1 kleines Bund Basilikum

1 TL Honig

1 EL Zitronensaft

50 ml Öl

30 g Hartkäse

Salz

Pfeffer

2 EL halb getrocknete Kirschtomaten, abgetropft (siehe S. 124)

Hanfsamen in einer Pfanne ohne Fett anrösten, bis sie zu duften beginnen. Sofort aus der Pfanne nehmen. Knoblauch abziehen und grob hacken. Die Minzeblätter von den Stielen zupfen, Basilikum samt Stängeln grob hacken. Minzeblätter, Basilikum, Knoblauch und Hanfsamen mit Honig, Zitronensaft und Öl fein pürieren.

Käse fein reiben und unterrühren. Das Pesto mit Salz und Pfeffer abschmecken und die Tomaten unterheben. Das Pesto im Topf mit der heißen Pasta mischen, eventuell noch etwas Kochwasser dazugeben. Auf Teller verteilen und nach Belieben noch etwas Käse darüberreiben.

PAPRIKARAHM

20 MIN. 2 VEGETARISCH

je 1 rote und gelbe Paprikaschote

1 Zwiebel

2 Knoblauchzehen

1 rote Chilischote

1 EL Öl

250 ml Gemüsebrühe

1 Maiskolben ohne Blätter

Salz

4 EL Hefeflocken

1 EL Apfelbalsamessig

1 TL Honig

½ TL edelsüßes Paprikapulver

Pfeffer

Paprikaschoten halbieren, entkernen und klein schneiden. Zwiebel und 1 Knoblauchzehe abziehen und mit der Chilischote samt Kernen fein würfeln. Alles in einem Topf im Öl andünsten, anschließend die Brühe angießen und alles zugedeckt bei schwacher bis mittlerer Hitze 12 Minuten köcheln lassen. Inzwischen den Maiskolben in kochendem, leicht gesalzenem Wasser 10 Minuten garen.

Die Sauce mit Hefeflocken, Essig, Honig und Paprikapulver fein pürieren. Restlichen Knoblauch abziehen und dazupressen. Mit Salz und Pfeffer abschmecken. Mais kalt abschrecken, die Maiskörner mit einem Messer vom Kolben schneiden, trennen und unter die Sauce rühren. Die Sauce mit Pasta, gefüllten Nudeln oder Gnocchi servieren.

1 Zwiebel

1 Möhre, ca. 100 g

2 Stangensellerie

1 rote Chilischote

150 g Wildschweinfleisch

1 EL Öl

1 Wacholderbeere

1 Lorbeerblatt

1 TL Honig

200 ml trockener Weißwein,
z. B. Riesling

200 ml Gemüsebrühe (siehe
S. 126)

1 Bioorange

2 TL Speisestärke

2 EL gehackte Petersilie

Salz

Pfeffer

WILDSCHWEINRAGOUT

45 MIN.   2   FLEISCH

Zwiebel abziehen, Möhre schälen, beides würfeln. Sellerie in Scheiben und Chilischote samt Kernen in Ringe schneiden. Das Fleisch klein schneiden und mit dem Gemüse im Öl in der Pfanne rundherum anbraten. Angedrückte Wacholderbeere, Lorbeerblatt und Honig hinzufügen, mit dem Wein ablöschen und diesen kurz verkochen lassen. Die Brühe angießen und alles zugedeckt bei schwacher bis mittlerer Hitze 30 Minuten schmoren lassen.

Die Hälfte der Orangenschale fein abreiben und den Saft auspressen. Den Saft mit der Stärke verrühren, zur Sauce geben und kurz leicht dicklich einkochen lassen. Lorbeerblatt und Wacholderbeere entfernen. Orangenschale und Petersilie unter die Sauce rühren. Mit Salz und Pfeffer abschmecken und mit Pasta oder Spätzle servieren.

1 Knoblauchzehe

50 g Walnusskerne

50 g Margarine (vegan)

4 Zweige Thymian

1 Zweig Rosmarin

1 rote Chilischote

½ Biozitrone

Salz

Pfeffer

1 Mini-Prise Kala Namak
(nach Belieben)

1 Stück veganer Hartkäse
(nach Belieben)

VEGANE THYMIAN-NUSS-»BUTTER«

10 MIN.   2   VEGAN

Knoblauch abziehen und fein würfeln. Walnusskerne grob zerbröckeln und mit dem Knoblauch in ½ Esslöffel Margarine anbraten, bis sie rundherum leicht gebräunt sind. Vom Herd nehmen.

Thymianblättchen und Rosmarinnadeln von den Zweigen streifen und grob hacken. Chilischote samt Kernen fein hacken. Zitronenschale fein abreiben und den Saft auspressen. Alles – auch die Walnüsse – mit der restlichen Margarine mischen und mit Salz, Pfeffer sowie nach Belieben etwas Kala Namak abschmecken. Die »Butter« kurz mit heißer Pasta in der Pfanne schwenken und servieren. Nach Wunsch noch etwas fein zerbröckelten (veganen) Hartkäse darüberstreuen.

35 MIN.   2   VEGETARISCH

1 Fenchelknolle, ca. 400 g

gekörnte Gemüsebrühe (siehe
S. 126)

Salz

1 Zwiebel

2 Knoblauchzehen

3 EL Öl

125 g Risottoreis oder
Milchreis

8 Zweige Thymian

1–1½ TL Honig

100 ml trockener Weißwein,
z. B. Riesling

3 TL Butter

Pfeffer

2 EL Brotbrösel

1 TL Weißweinessig

1 TL Zitronensaft

TIPP

Wer noch etwas Hart-
käserinde (Parmesan,
Grana Padano oder
Montello) übrig hat,
sollte diese nicht weg-
werfen, sondern bis
zur Weiterverwendung
einfrieren. Ein Stück
davon – in Suppen
oder in diesem Risotto
mitgegart und kurz vor
der Fertigstellung wieder
entfernt – sorgt für ein
würziges Käsearoma.

THYMIAN-FENCHEL-RISOTTO MIT KNUSPERBRÖSELN

Risotto ist ein echter Seelenwärmer. Diese käsefreie und butter-
arme Version besticht durch ihr kräftiges Thymianaroma. Würzige
Knusperbrösel geben dabei die Extraportion Crunch.

Vom Fenchel äußere Blätter, Stiele samt Grün und ein Stück
des Strunks abschneiden. Das Abgeschnittene klein schneiden,
das Grün beiseitelegen. Die Knolle sechsteln und in einem
Topf mit Dämpfeinsatz über kochendem Wasser 5 Minuten
bissfest dämpfen. Abgießen, kalt abschrecken und abtropfen
lassen. Das Dämpfwasser mit Wasser zu 350 Milliliter
aufgießen und mit der gekörnten Brühe verrühren. Nach
Bedarf etwas salzen und zugedeckt warm halten.

Zwiebel und 1 Knoblauchzehe abziehen und fein würfeln. In
einem Topf 1½ Esslöffel Öl erhitzen und Zwiebelwürfel sowie
die klein geschnittenen Fenchelstücke darin andünsten. Reis,
Knoblauchwürfel, 5 Zweige Thymian und 1 Teelöffel Honig
hinzufügen und 1 bis 2 Minuten weiterdünsten. Mit dem Wein
ablöschen, etwas Brühe angießen und zugedeckt köcheln
lassen. Dabei immer wieder umrühren und nach und nach die
restliche Brühe dazugeben. Auf diese Weise den Risotto 16 bis
18 Minuten leicht sämig einköcheln lassen.

Inzwischen die Thymianblättchen von den restlichen Zweigen
zupfen, den restlichen Knoblauch abziehen und fein würfeln.
Restliches Öl und 1 Teelöffel Butter in einer Pfanne erhitzen
und die Fenchelsechstel darin goldbraun braten. Salzen,
pfeffern und herausnehmen. Knoblauch, Thymian und
Brotbrösel in die Pfanne geben und darin goldbraun anrösten.
Vom Herd nehmen.

Restliche Butter, Essig und Zitronensaft unter den Risotto
rühren, die Thymianzweige herausfischen. Mit Salz, Pfeffer
und gegebenenfalls noch etwas Honig abschmecken. Den
Risotto auf Tellern anrichten und mit den Würzbröseln
bestreuen. Die Fenchelsechstel darauflegen. Das Fenchelgrün
grob klein zupfen und darüberstreuen.

30 MIN.   1 STD.   4   VEGAN

VEGGIE-POKÉ-BOWL

4 kleine Rote Beten à ca.

100 g

2 TL Öl

200 g Langkornreis

Salz

50 g Tahin (Sesammus)

2 EL vegane Mayonnaise

(siehe S. 150)

4 EL Sojasauce

2 EL Zitronensaft

2-3 TL Zucker

2 EL geröstetes Sesamöl

½ Salatgurke

1 kleiner Radicchio

3 Frühlingszwiebeln

1 Handvoll Sprossen, z. B.

Rote-Bete-Sprossen

1 TL Sesam

1 kleine Handvoll Kresse,

z. B. Shiso-Kresse

Bunte und gesunde Bowls sind zurzeit der letzte Schrei. Zu Recht, denn sie machen wirklich Spaß! Der Clou: Gebackene, würzig marinierte Rote Beten ersetzen hier genial den Fisch.

Den Backofen auf 200 °C vorheizen. Die Roten Beten mit dem Öl einreiben und in einer Auflaufform auf der mittleren Schiene des vorgeheizten Ofens 1 Stunde backen. Inzwischen den Reis mit der doppelten Menge leicht gesalzenem Wasser zum Kochen bringen und zugedeckt ca. 20 Minuten leise köcheln lassen, bis die Flüssigkeit vollständig aufgesogen wurde. Anschließend noch 5 Minuten zugedeckt quellen lassen, dann auflockern und abkühlen lassen.

Die Roten Beten aus dem Ofen nehmen und etwas abkühlen lassen. Für den Dip Tahin, Mayonnaise, 2 Esslöffel Sojasauce, 1 Esslöffel Zitronensaft und 2 Teelöffel Zucker glatt rühren. Bei Bedarf noch mit etwas Wasser verdünnen. Mit Salz abschmecken. Rote Beten schälen und klein würfeln. Mit restlicher Sojasauce und restlichem Zitronensaft sowie 1 Esslöffel Sesamöl verrühren und mit Salz sowie nach Belieben etwas Zucker würzen.

Gurke mit dem Spiralschneider in »Spaghetti« schneiden, mit dem restlichen Sesamöl verrühren und salzen. Vom Radicchio 4 kleine Blätter ablösen, den Rest in Streifen schneiden. Frühlingszwiebeln in Ringe schneiden.

Den Reis in zwei Schüsseln häufen. Gurken»spaghetti« und Dip in je 2 Radicchioblätter verteilen und diese gegenüberliegend in die Schüsseln setzen. Die Lücken mit Rote-Bete-Würfeln, Radicchiostreifen, Frühlingszwiebeln und Sprossen füllen. Die Rote-Bete-Würfel mit Sesam bestreuen. Die Bowls mit der Kresse garnieren und servieren.

TIPP

Bei der Zusammensetzung der Bowl kannst du nach Belieben variieren. Statt Reis bietet sich als Basis auch Quinoa oder geschälter Dinkel an. Tolle Ergänzungen sind Erbsen, Spinatblätter, marinierter Rettich beziehungsweise Radieschen oder gebratene Pilze. Auch in Scheiben geschnittener und gebratener Tempeh, abgeschmeckt mit etwas Zitronensaft, Sojasauce, Salz und Pfeffer, ist ein Hit.

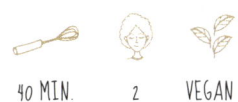

40 MIN.   2   VEGAN

GEMÜSE-PILAW MIT GEBRATENEM TOFU

1 Zwiebel

1 Knoblauchzehe

1 grüne Paprikaschote

100 g Möhren

180 g Basmatireis

2 EL Öl

3 Gewürznelken

2 ½ TL Zucker

1 TL gemahlener Koriander

1 ½ TL gemahlene Kurkuma

2 Kardamomkapseln

1 Prise Zimtpulver

1 ½ TL braune Senfkörner

Salz

300 ml heiße Gemüsebrühe

1 EL Zitronensaft

2 EL Rosinen

200 g Tofu

Pfeffer

Dill (nach Belieben)

Pilaw wird oft mit Hühnchen zubereitet. Doch auch vegan mit gebratenem Tofu ist er ein Genuss. Denn eine Vielzahl von Aromen und die Süße von Rosinen machen aus ihm eine richtig runde Sache.

Zwiebel und Knoblauch abziehen und fein würfeln bzw. in Scheiben schneiden. Paprikaschote längs halbieren, entkernen und würfeln. Möhren schälen und in Scheiben schneiden. Reis in ein Sieb geben und waschen, bis das ablaufende Wasser klar bleibt.

In einem großen Topf 1 Esslöffel Öl erhitzen und Zwiebelwürfel sowie Nelken darin anbraten. 1½ Teelöffel Zucker, Koriander, 1 Teelöffel Kurkuma, Kardamom, Zimt, 1 Teelöffel Senfkörner und etwas Salz hinzufügen und kurz andünsten. Das Gemüse und die Hälfte des Knoblauchs unter Rühren 2 Minuten mitdünsten. Den Reis hinzufügen und ebenfalls kurz mit andünsten.

Brühe und ½ Esslöffel Zitronensaft angießen, den Pilaw noch einmal umrühren und zugedeckt – ohne zu rühren – bei schwacher Hitze 8 bis 10 Minuten köcheln, bis die Flüssigkeit aufgesogen ist. Anschließend die Rosinen darauflegen, den Herd ausstellen und den Reis 6 bis 8 Minuten im geschlossenen Topf gar ziehen lassen.

Den Tofu etwas ausdrücken und in Scheibchen schneiden. Restliches Öl in einer Pfanne erhitzen und die Tofuscheibchen darin anbraten. Restlichen Knoblauch, Kurkuma, Senf und Zucker dazugeben und kurz mitbraten. Mit restlichem Zitronensaft ablöschen und mit Salz sowie Pfeffer abschmecken.

Den Reis auflockern und mit Salz sowie Pfeffer abschmecken. Auf Teller verteilen und den Tofu darauf anrichten. Nach Belieben mit etwas Dill garnieren und servieren.

TIPP

An Rosinen scheiden sich die Geister. Ich liebe sie in indischem Essen, in Süßspeisen mag ich sie dagegen gar nicht. Wer sich nicht an die schrumpeligen Trauben traut, kann diese beispielsweise durch Aronia- oder Gojibeeren ersetzen. Diese gedeihen trotz exotisch klingender Namen auch in mitteleuropäischen Gärten ganz hervorragend und lassen sich gut trocknen.

Let's talk about Fish

An den Küsten Europas steht Seefisch seit jeher auf dem Speiseplan, dagegen wurde im Inland eher Süßwasserfisch aus Wildfang oder Teichwirtschaft – etwa Forelle oder Karpfen – gegessen. Seit auch dort jede Woche ein- bis zweimal Lachs, Kabeljau & Co. auf dem Teller landen, kann die Regenerationskraft der Natur mit unserem Konsum nicht mehr mithalten. Die Bestände an den europäischen Küsten sind weitestgehend überfischt, immer entferntere Fanggebiete wie die Polarregionen, der Pazifik oder der Indische Ozean werden erschlossen und ausgebeutet. Aquakultur im großen Ausmaß – etwa vor Norwegen – scheint die Lösung, schafft aber auch neue Probleme, beispielsweise den Einsatz von Soja aus Brasilien als Futtermittel, die Verwendung von Pestiziden und Antibiotika oder die Belastung der umliegenden Ökosysteme durch Ausscheidungen und Futterreste. Nachhaltig ist die Fischereiwirtschaft trotz einiger guter Ansätze also noch lange nicht.

FISH FACTS

Omega-3-Fettsäuren gelten als wertvollster Inhaltsstoff der fettreichen Kaltwasserfische wie Lachs und Hering. Sie sind jedoch auch in Rapsöl, Leinsamen, Hanfsamen und Walnüssen sowie in deren Ölen enthalten.

23 Kilogramm Fisch konsumieren die Europäer im Jahresdurchschnitt, ganz vorne liegen die Portugiesen mit rund 57 Kilogramm. Rund 60 Prozent davon sind Seefische wie Lachs, Alaska-Seelachs, Hering und Thunfisch.

Am 9. Juli 2019 wurde vom WWF der Fish Dependance Day begangen. Ab diesem Tag geht Europa rein rechnerisch der Fisch aus, und man ist auf Importe angewiesen – rund einen Monat früher als im Jahr 2000.

Die Verschmutzung der Gewässer belastet auch den Fisch. Schwermetalle wie Quecksilber finden sich etwa in Thunfisch, Dioxin und PCB wurden immer wieder in Lachs und Flussfischen nachgewiesen.

Fischbestände haben nach neuesten wissenschaftlichen Studien ein beachtliches Erholungspotenzial. Sofern sie nicht komplett zusammengebrochen sind, können sie sich bei Schonung binnen weniger Jahre regenerieren.

Insofern besteht noch Hoffnung, dass bei einer radikal geänderten Fischereipolitik in der Zukunft wieder nachhaltig gefangener Meeresfisch auf dem Teller landen kann.

PERSPEKTIVEN

Der Bio-Aquakultur gehört die Zukunft, wenn sie nach hohen Qualitätsmaßstäben durchgeführt wird. Ein weiterer interessanter Ansatz mit Zukunft ist die Aquaponik. In ausgeklügelten Systemen werden gleichzeitig Fische und Kulturpflanzen, etwa Tomaten, gezüchtet, die mit den Ausscheidungen der Fische gedüngt werden. Diese hochindustrielle Form der Zucht entspricht zwar nicht romantischen Vorstellungen vom Fischfang, hat aber einige Vorteile. Der Fisch kann dort produziert werden, wo er gebraucht wird, und durch das geschlossene System wird die Umwelt kaum belastet.

FAZIT

Industrieller Fischfang wird größtenteils nicht nachhaltig durchgeführt. Dafür müssten stabile, ausreichend große Bestände erhalten bleiben, der Beifang minimiert und der Einsatz von zerstörerischen Schleppnetzen aufgegeben werden. Bestrebungen dazu sind bei Initiativen wie Followfish erkennbar. Für eine nachhaltige Ernährungsweise ist zudem die Regionalität ein wichtiger Faktor. Wir als Europäer sollten also hauptsächlich europäischen Fisch essen. Da aber gerade unsere heimischen Fanggebiete wie der Nordostatlantik und das Mittelmeer stark überfischt sind, kann ich für eine nachhaltige Lebensweise momentan keine positive Empfehlung bezüglich des regelmäßigen Konsums von wild gefangenen Seefischen aussprechen. Bei gelegentlichem Fischkonsum erscheint die Bio-Aquakultur von Meeres- und Süßwasserfischen aktuell die beste Variante.

30 MIN.   1 STD.   2   VEGETARISCH

100 g weiße Bohnen, über Nacht
eingeweicht

2 EL + 1½ EL Öl

2 EL Aceto balsamico

2 TL Honig

2 TL Sesam

½ TL gemahlener Kreuzkümmel

½ TL gemahlener Koriander

2 ½ TL edelsüßes Paprikapulver

Salz

Pfeffer

800 g gemischtes Gemüse, z. B.
Kartoffeln, Blumenkohlröschen,
Paprikaschoten, Fenchel

3 Knoblauchzehen

2 ½ EL Zitronensaft

1 EL Tahin (Sesammus)

3 Zweige Thymian

OFENGEMÜSE MIT BOHNENDIP

Gemüse aus dem Ofen geht bei mir immer. Ich mag die leichten Röstaromen einfach und habe tierisch Spaß daran, das fein gewürzte Blechgemüse in verführerische Dips zu tauchen.

Für den Dip die Bohnen in ein Sieb abgießen und abspülen. In einem Topf mit Wasser bedeckt zum Kochen bringen und zugedeckt bei schwacher bis mittlerer Hitze in ca. 1 Stunde gar köcheln lassen.

Den Backofen auf 200 °C vorheizen. Für die Marinade 2 Esslöffel Öl mit Essig, 1 Teelöffel Honig, Sesam und je ½ Teelöffel der Gewürze verrühren. Mit Salz und Pfeffer abschmecken. Das Gemüse in mundgerechte Stücke schneiden und mit der Marinade mischen. Auf einem mit Backpapier ausgelegten Blech verteilen und auf der mittleren Schiene des vorgeheizten Ofens 30 Minuten backen.

Die Bohnen abgießen und abtropfen lassen. Knoblauch abziehen und fein würfeln. Bohnen sowie zwei Drittel des Knoblauchs mit restlichem Paprikapulver, 2 Esslöffeln Zitronensaft, Tahin und restlichem Honig fein pürieren. Mit Salz und Pfeffer abschmecken.

Die Thymianblättchen von den Zweigen zupfen und grob hacken. In einem kleinen Topf das restliche Öl erhitzen und restlichen Knoblauch sowie Thymian darin andünsten. Mit restlichem Zitronensaft verrühren und mit Salz und Pfeffer würzen. Das Würzöl über den Dip träufeln und diesen mit dem Ofengemüse servieren.

15 MIN.   2   VEGETARISCH

100 g Zucchini

Salz

1 Stängel Dill

200 g halb pflanzlicher
Joghurt (siehe S. 144)

½–1 EL Zitronensaft

1 Knoblauchzehe

ZUCCHINI-JOGHURT-DIP

Zucchini fein raspeln, mit etwas Salz mischen und 10 Minuten ziehen lassen. Dill samt Stängel fein hacken, den Joghurt mit ½ Esslöffel Zitronensaft glatt rühren. Knoblauch abziehen und dazupressen, Dill unterrühren. Die Zucchiniraspel kräftig auspressen und ebenfalls unterrühren. Den Dip mit Salz und Zitronensaft abschmecken.

TIPP

Hier wird natürlich nichts
weggeworfen. Die Kürbiskerne
werden geröstet und weg-
gesnackt (siehe S. 138). Die
restlichen Selleriestiele und
das restliche Selleriegrün
können für Salate und
Smoothies verwendet werden
oder wie die gründlich
gewaschene Sellerieschale
eingefroren und dann zu
Gemüsefond oder gekörnter
Brühe verarbeitet werden
(siehe S. 126).

KÜRBIS-SELLERIE-STAMPF MIT PILZEN

35 MIN. 4 VEGAN

FÜR DIE VINAIGRETTE

1 rote Zwiebel

1 Knoblauchzehe

1 kleines Bund Schnittlauch

½ EL Rotweinessig

½ EL Öl

½ TL Zucker

Salz

Pfeffer

AUSSERDEM

500 g Hokkaidokürbis

1 kleine Sellerieknolle mit

Grün, ca. 200 g

1 Birne (regionale Sorte)

Salz

250 g gemischte Pilze,

z. B. Champignons,

Kräuterseitlinge und

Shiitakepilze

1 Knoblauchzehe

1 EL Öl

2 TL Thymianblättchen

½ TL Zucker

½ EL Apfelessig

Pfeffer

Muskatnuss

Hier kommt mein neues Lieblingspüree: Der Stampf aus Sellerie, Kürbis und Birnen ist einfach brillant – und mit gebratenen Pilzen als Beilage ein rein pflanzlicher Herbstknaller.

Für die Vinaigrette Zwiebel und Knoblauch abziehen und fein würfeln. Schnittlauch in feine Röllchen schneiden. Alles mit Essig, Öl und Zucker mischen und mit Salz sowie Pfeffer würzen.

Für den Stampf den Kürbis entkernen, die Sellerieknolle sparsam schälen, die Birne halbieren und vom Kerngehäuse befreien. Alles klein schneiden. 4 Selleriestiele quer dritteln und in einem Topf mit 200 Milliliter Wasser zugedeckt bei mittlerer Hitze 3 Minuten kochen lassen, dabei nach 2 Minuten 1 Handvoll Sellerieblätter dazugeben.

Selleriestiele und -blätter mit einem Schaumlöffel aus dem Topf heben und in einem Sieb abtropfen lassen. Den Sud mit Salz würzen und anschließend Kürbis, Sellerieknolle und Birne darin zugedeckt bei mittlerer Hitze ca. 10 Minuten garen.

In der Zwischenzeit die Pilze putzen und bei Bedarf in mundgerechte Stücke schneiden. Bei Shiitakepilzen die zähen Stiele entfernen. Knoblauch abziehen und fein würfeln. Die Selleriestiele in Scheiben, die -blätter in Streifen schneiden. Das Öl in einer Pfanne erhitzen. Pilze, Selleriestiele und -blätter, Knoblauch sowie Thymian darin rundherum braun braten. Den Zucker dazugeben und leicht karamellisieren. Mit Essig ablöschen und mit Salz sowie Pfeffer abschmecken.

Von der Kürbis-Sellerie-Birnen-Mischung bei Bedarf noch etwas Wasser abgießen, dann grob stampfen und mit Salz, Pfeffer sowie Muskatnuss würzen. Den Stampf auf Tellern anrichten und die Pilz-Sellerie-Mischung darum verteilen. Mit der Vinaigrette beträufeln und servieren.

15 MIN.   30 MIN.   2   FLEISCH

1 Bund Petersilie

1 Bund Koriandergrün

1 Knoblauchzehe

1 TL edelsüßes Paprikapulver

½ TL gemahlener
Kreuzkümmel

1 Prise Safranfäden

4 EL Öl

2 EL Zitronensaft

1 TL Honig

Salz, Pfeffer

4-6 kleine Hähnchenteile
(Unterschenkel oder Flügel)

MAROKKANISCHES CHERMOULA-HÄHNCHEN

Biohähnchen hat unter Zuchtfleisch eine der besten Ökobilanzen.
Besser ist natürlich Wild aus der heimischen Natur. Hier zwei
meiner Lieblingsrezepte für gelegentlichen Fleischgenuss.

Für die Marinade die Kräuter samt Stängeln grob hacken.
Knoblauch abziehen und grob würfeln. Beides mit Gewürzen,
3½ Esslöffeln Öl, Zitronensaft und Honig fein pürieren und mit
Salz und Pfeffer würzen. Den Backofen auf 200 °C vorheizen.

Die Hähnchenteile salzen, im restlichen Öl rundherum
anbraten und mit der Marinade bestreichen. In einer
Auflaufform auf der mittleren Schiene des vorgeheizten
Ofens in 30 Minuten knusprig braun backen, dabei noch
zweimal mit Marinade bestreichen. Aus dem Ofen nehmen
und servieren. Dazu passen z. B. Taboulé (siehe S. 91) oder
Rosmarinkartoffeln und grüner Salat.

20 MIN.　　♀　　FLEISCH

2 Wildschweinschnitzel à 125 g

1 Knoblauchzehe

Salz

Pfeffer

50 g altes Weißbrot

2 EL Hanfsamen

1 EL Rosmarinnadeln

5 EL Weizenmehl Type 405

Öl zum Braten

WILDSCHWEINSCHNITZEL

Das Fleisch mit der flachen Seite des Fleischklopfers vorsichtig flach klopfen. Knoblauch halbieren, mehrfach einschneiden und die Schnitzel damit abreiben. Mit Salz und Pfeffer würzen. Für die Panade das Brot würfeln, mit Hanfsamen und Rosmarin im Blitzhacker zermahlen und auf einen Teller häufen. 2 Esslöffel Mehl mit etwas Wasser in einem tiefen Teller dickflüssig anrühren. Restliches Mehl auf einen Teller häufen.

Die Schnitzel zunächst im Mehl wenden, dann durch die Mehl-Wasser-Mischung ziehen und zum Schluss in der Panade wenden. Reichlich Öl in einer Pfanne erhitzen und die Schnitzel darin ca. 8 Minuten auf beiden Seiten goldbraun braten. Abtropfen lassen und servieren, z. B. mit Rotweinschalotten und Süßkartoffeln aus dem Ofen.

500 g Zwiebeln

2 EL Öl

2 Lorbeerblätter

2 Wacholderbeeren

250 g Schweinegulasch vom
Wild- oder Bioschwein

Salz

Pfeffer

1½ EL Weizenmehl

1 Fleischtomate

200 ml trockener Weißwein,
z. B. Riesling

250 ml Gemüsebrühe

1 rote Paprikaschote

1 Knoblauchzehe

250 g bunte Möhren

1 TL Honig

2 TL edelsüßes
Paprikapulver

1 Frühlingszwiebel

Cayennepfeffer (nach
Belieben)

GEMÜSEGULASCH

Hin und wieder brauche ich mal ein ordentliches Gulasch. Das A und O sind jede Menge Zwiebeln und Gemüse. Das Fleisch regle ich dafür locker auf schmale 60 bis 70 Gramm pro Esser herunter.

Die Zwiebeln abziehen und grob klein schneiden. Das Öl in einer hohen Pfanne erhitzen und die Zwiebelstücke darin mit Lorbeerblättern und angedrückten Wacholderbeeren rundherum anbraten.

Das Fleisch salzen, pfeffern und im Mehl wenden. Zu den Zwiebeln geben und ebenfalls rundherum anbraten. Die Tomate in Würfel schneiden und dazugeben. 3 Minuten mitbraten. Anschließend mit dem Wein ablöschen und diesen etwas verkochen lassen. Die Gemüsebrühe hinzufügen und alles zugedeckt bei schwacher bis mittlerer Hitze 40 Minuten schmoren lassen.

Die Paprikaschote halbieren, entkernen und klein schneiden. Knoblauch abziehen und wie die Möhren in Scheiben schneiden. Alles mit Honig und Paprikapulver zum Gulasch geben und dieses weitere 15 Minuten garen.

Die Frühlingszwiebel in Ringe schneiden. Das Gulasch mit Salz sowie Pfeffer und nach Belieben mit Cayennepfeffer abschmecken. Auf Teller verteilen und mit den Frühlingszwiebelringen bestreuen. Dazu passen Bandnudeln, Spätzle, Kartoffeln, Reis oder Polenta.

TIPP

Es lohnt sich, auf Biomärkten nach dem Fleisch alter Schweinerassen wie dem Bentheimer Landschwein oder dem Limburger Klosterschwein Ausschau zu halten. Viele der alten Rassen sind vom Aussterben bedroht, obwohl sie sehr robust sind und hervorragendes Fleisch bieten. Die Zucht dieser Rassen ist ein wichtiger Beitrag zur Agrobiodiversität.

Die Viehzucht ist seit Jahrtausenden ein bedeutender Bestandteil der Landwirtschaft und unserer kulturellen Entwicklung. Fleisch ist eine wichtige Proteinquelle und für viele der Inbegriff guten Essens. Das Problem: Die Mengen, in denen wir es heute konsumieren, sind gesundheitlich bedenklich und können nur noch durch massenhafte Produktion unter fragwürdigen Bedingungen bewältigt werden – eine starke Belastung für Umwelt und Klima.

Let's talk about Meat

MEAT FACTS

70 Prozent der Treibhausgasemissionen aus unserer Ernährung und des weltweit genutzten Süßwassers sind auf die Produktion von Fleisch und anderen tierischen Erzeugnissen zurückzuführen. Das sind rund 15 bis 18 Prozent der gesamten weltweiten Treibhausgasemissionen.

Drei Viertel der weltweiten Sojaernte enden als Tierfutter, besonders in der Massentierhaltung. 80 Prozent der deutschen Importe stammen aus Südamerika, wo in Brasilien und Argentinien riesige, ökologisch wertvolle Flächen in Sojaplantagen umgewandelt wurden.

Veganer und Vegetarier herausgerechnet, werden im Durchschnitt diese Mengen tierischer Produkte pro Woche gegessen: 1,3 Kilogramm Fleisch, zwei Kilogramm Milchprodukte und fünf Eier!

Laut der Gesellschaft für Ernährung ist eine gesunde Ernährung ohne Fleisch ohne Probleme möglich. Der empfohlene Bereich liegt bei 300 bis maximal 600 Gramm pro Woche. Das sind 15 bis 30 Kilogramm Fleisch im Jahr. In der Realität sind es ca. 60 Kilogramm.

Der Anteil von Fleisch aus ökologischer und artgerechter Tierhaltung ist gering: Rund vier Prozent des Rindfleischs, unter ein Prozent des Schweinefleischs, etwa 1,5 Prozent des Geflügelfleischs und 1,5 Prozent der Wurstwaren stammen aus nachhaltiger Produktion.

Rehe, Hirsche, Wildschweine & Co. leben quasi in Eigenregie artgerecht, brauchen keine Zufütterung und kommen ohne Antibiotika aus. Wildfleisch aus der Region ist für den gelegentlichen Konsum eine nachhaltige Alternative.

FAZIT

Fleisch sollte nicht geächtet, sondern mehr geschätzt werden. Es muss als ein besonders wertvolles Lebensmittel wahrgenommen werden, das aus nachhaltiger, artgerechter Produktion stammt und maximal ein- bis zweimal in der Woche auf dem Teller landet. Internationale Forscherteams haben einen Speiseplan entwickelt, der zugleich Umwelt und Gesundheit schützen soll. Dabei kamen als umwelt- und gesundheitsverträgliche Höchstmengen etwa 15 Kilogramm Fleisch pro Jahr heraus, zwei Fleischmahlzeiten à 150 Gramm pro Woche. Diese Zahl ist eine gute Orientierung, darf aber natürlich beliebig unterschritten werden.

BESTE RESTE

Fleischreste vom Vortag immer kühl lagern, am besten in einer gut verschlossenen Aufbewahrungs-
box auf der unteren, besonders kühlen Ebene im Kühlschrank. Dann sind Braten- und Hähnchenreste,
Hackfleisch & Co. auch am nächsten Tag noch ein Genuss. Sie können z. B. als Topping auf Salaten
landen (siehe S. 104/105), in Eintöpfen wie der Harira (siehe S. 92), auf der Pide (siehe S. 43) oder in
Reis- oder Nudelpfannen. Aber am liebsten esse ich sie ...

... EINGEROLLT IN WRAPS

Für 4 Tortillas 180 Gramm Weizenmehl
Type 405 in einer Schüssel mit ½ Teelöffel Weinsteinbackpulver und ½ Teelöffel Salz mischen. 50 Gramm halb
pflanzlichen Joghurt (siehe S. 144) sowie 4 Esslöffel Wasser dazugeben und
alles zu einem glatten Teig verkneten.
Bei Bedarf noch 1 Esslöffel Wasser hinzufügen. Den Teig in 4 Portionen teilen
und daraus auf der bemehlten Arbeitsfläche ca. 22 Zentimeter große Kreise
ausrollen. In einer Pfanne ohne Fett
auf beiden Seiten je 1 Minute backen.
Aus der Pfanne nehmen und sofort mit
einem feuchten Küchentuch abdecken,
damit die Tortillas weich bleiben. Anschließend beliebig füllen, z. B. zusätzlich zu dem Fleisch mit ...

... RADIESCHENHUMMUS

(siehe S. 132), gedämpftem grünem
Spargel und marinierten Radieschen.

... AUBERGINENGUACAMOLE

(siehe S. 154), Salat, Tomaten, Gurken
und roten Zwiebeln.

... APRIKOSENCHUTNEY

(siehe S. 153), Reis, Tomaten und marinierten Zwiebeln.

... BLAUBEERKETCHUP

(siehe S. 153), Röstzwiebeln und sauren
Senfzucchini (siehe S. 164).

REHKEULE MIT KRÄUTERKRUSTE

30 MIN.   4 ½ STD.   2   FLEISCH

Wenn sich Gäste ankündigen, macht ein Braten richtig Eindruck. Da Rindfleisch eine miese Ökobilanz hat, bin ich für besondere Anlässe auf nachhaltige Rehkeule umgestiegen.

1 Rehkeule mit Knochen, ca. 2 kg

Salz, Pfeffer

800 g Schmorgemüse, z. B. Sellerie, Pastinake, Zwiebel, Lauch, Möhren, Petersilienwurzel

1 Birne (regionale Sorte)

8 EL Öl

2 Lorbeerblätter

4 Wacholderbeeren

80 g Frühstücksspeck in Scheiben

2 EL Zucker

½ l trockener Rotwein, z. B. Dornfelder

½ l Gemüsefond

3 Knoblauchzehen

8 EL frische mediterrane Kräuter, z. B. Thymian, Salbei, Rosmarin, Majoran, Bohnenkraut

3 EL Haselnusskerne

2 TL Speisestärke

1 EL gehackter Rosmarin

1 EL Honigsenf

150 g rote oder blaue Weintrauben

Den Backofen auf 150 °C vorheizen. Die Keule von den weißen Häuten befreien sowie salzen und pfeffern. Das Gemüse klein schneiden. Die Birne halbieren und vom Kerngehäuse befreien. Die Hälften grob würfeln. 2 Esslöffel Öl in einem großen Bräter erhitzen. Die Keule darin 8 Minuten rundherum anbraten, bis sie leicht gebräunt ist. Herausnehmen. Gemüse und Birne mit Lorbeerblättern und Wacholderbeeren im Bräter rundherum anrösten. Das Gemüse auf einem tiefen Backblech verteilen. Die Rehkeule darauflegen und mit den Speckscheiben abdecken. Zucker im Bräter karamellisieren lassen, mit dem Rotwein ablöschen. Den Fond angießen. Alles auf das tiefe Blech gießen. Die Keule auf der mittleren Schiene des vorgeheizten Backofens 2 Stunden schmoren.

Für die Kruste den Knoblauch abziehen und grob hacken. 2 Zehen mit den Kräutern, den Nüssen, 1 Teelöffel Salz und 1 Teelöffel Pfeffer im Blitzhacker fein zermahlen. Das restliche Öl dazugeben, alles gut mischen. Das Blech aus dem Ofen nehmen. Den Speck abnehmen und in den Fond legen. Die Keule mit der Krustenpaste bestreichen. Die Backofentemperatur auf 120 °C reduzieren und die Keule auf der mittleren Schiene weitere 2½ Stunden garen.

Das Blech erneut aus dem Ofen nehmen, die Keule vom Blech heben, den Fond durch ein Sieb in einen Topf gießen und das Gemüse etwas ausdrücken. Die Stärke mit wenig Wasser verrühren und unterrühren. 2 Esslöffel Gemüse und den restlichen Knoblauch untermixen, Rosmarin hinzufügen und kurz leicht dicklich einkochen lassen. Senf unterrühren, Weintrauben abpflücken und in der Sauce ziehen lassen. Inzwischen den Backofengrill einschalten und die Keule kurz übergrillen, bis die Kruste leicht gebräunt ist. Sofort herausnehmen. Die Sauce mit Salz und Pfeffer abschmecken, das Reh tranchieren und mit der Sauce servieren.

TIPP

Die Reste können am nächsten Tag als Basis für eine dunkle Wildsuppe verwendet werden. Dafür das Gemüse mit der übrigen Sauce pürieren und mit Brühe auffüllen, bis die Konsistenz einer Suppe erreicht ist. Mit Essig, Zucker, Salz und Pfeffer abschmecken. Nach Belieben 250 Gramm Gemüsewürfel dünsten und mit dem klein gezupften Fleisch in die Suppe geben.

Im Herbst und Winter sind Eintöpfe und Suppen echtes Seelenfutter. Für diese Zeit habe ich daher vier wärmende Versionen entwickelt: zweimal vegan, zweimal mit ganz wenig Fleisch.

WIRSINGEINTOPF MIT LAMM

30 MIN.   2   FLEISCH

400 Gramm **Wirsing** in Streifen schneiden. ½ Stange **Lauch** in Ringe schneiden. 250 Gramm **junge Kartoffeln** halbieren. 1 **Zwiebel** abziehen und würfeln. 100 Gramm **Lammhack** und die Zwiebel in einem Topf in 1 Esslöffel **Öl** anbraten, bis das Fleisch leicht gebräunt ist. 1 Esslöffel **Zucker** hinzufügen und leicht karamellisieren, Wirsing, Lauch sowie Kartoffeln hinzufügen und kurz im Topf schwenken. ½ Liter **Gemüsebrühe** und 1 Esslöffel **Apfelessig** hinzufügen, alles aufkochen und zugedeckt bei schwacher bis mittlerer Hitze 15 Minuten leise kochen lassen. 2 Esslöffel **Schmand** unterrühren. Den Eintopf mit frisch geriebener **Muskatnuss, Salz, Pfeffer** und nach Belieben noch etwas Essig abschmecken. Auf zwei tiefe Teller oder Suppenschalen verteilen und servieren. Dafür nach Wunsch noch je 1 Esslöffel Schmand daraufsetzen und mit Petersilie bestreuen.

MARONEN-PASTINAKEN-SUPPE

25 MIN.   2   VEGAN

1 **Zwiebel** abziehen und mit 250 Gramm **Pastinaken** klein schneiden. Beides mit 70 Gramm geschälten, gerösteten **Maronen** in einem Topf in 1 Esslöffel **Öl** andünsten. ½ Liter **Gemüsebrühe** angießen, zum Kochen bringen und alles zugedeckt bei schwacher bis mittlerer Hitze 12 Minuten leise kochen lassen. Inzwischen 2 Scheiben **Baguette** würfeln und in einer Pfanne in Öl rundherum knusprig braun braten. Etwas abtropfen lassen. 2 **Apfelchips** grob zerbröckeln, 1 Handvoll **Kerbel** klein zupfen. Die Suppe fein pürieren, dabei noch etwas Wasser hinzufügen, bis eine cremige Konsistenz erreicht ist. Den Kerbel bis auf 1 bis 2 Esslöffel untermixen. Die Suppe mit **Salz, Pfeffer,** etwas **Zimtpulver** und **Muskatnuss** abschmecken und auf zwei Suppenschalen verteilen. Mit Croûtons, Apfelchips und restlichem Kerbel garnieren.

GRÜNKOHLEINTOPF

40 MIN.   2   FLEISCH

Den Backofen auf 180 °C (Umluft) vorheizen.
300 Gramm **festkochende Kartoffeln**
und 200 Gramm **bunte Möhren** würfeln.
1 **Zwiebel** abziehen und grob zerkleinern.
Alles mit ½ Teelöffel **Paprikapulver**,
¼ Teelöffel **Kümmel** und 1 Esslöffel **Öl** in einer
Auflaufform mischen, **salzen** und **pfeffern**.
Im Ofen auf der mittleren Schiene 30 Minuten
backen. 1 Zwiebel abziehen und fein würfeln.
50 Gramm **Speck** (Bioqualität) fein würfeln
und mit den Zwiebelwürfeln in einem Topf
auslassen. 200 Gramm **jungen Grünkohl** grob
zerkleinern und kurz mit andünsten. 2 Esslöffel
gemahlene Haferflocken kurz mitdünsten,
300 Milliliter **Gemüsebrühe** angießen und
alles zugedeckt 5 bis 7 Minuten köcheln lassen.
Das Ofengemüse untermischen, 1 Esslöffel
Weißweinessig unterrühren. Mit Salz und
Pfeffer abschmecken.

LINSEN-KÜRBIS-SUPPE

25 MIN.   2   VEGAN

500 Gramm **Hokkaidokürbis** entkernen,
200 Gramm Fruchtfleisch würfeln, den Rest
in dünne Scheiben schneiden. 1 Stange **Lauch**
in Ringe schneiden. 1 **Zwiebel** und 1 Scheibe
Ingwer abziehen bzw. schälen und würfeln.
Kürbiswürfel, die Hälfte des Lauchs, Zwiebel
und Ingwer in einem Topf in 1 Esslöffel
Öl andünsten. 100 Gramm **rote Linsen**,
1 Teelöffel **Currypulver**, 1 Teelöffel **Zucker**
und 600 Milliliter **Gemüsebrühe** zufügen,
zugedeckt bei mittlerer Hitze 10 Minuten
köcheln. In einer Pfanne restlichen Kürbis
und Lauch zum Garnieren in 1 Esslöffel Öl
zugedeckt 8 Minuten dünsten. 1 Esslöffel
Apfelessig unter die Suppe rühren. Diese fein
pürieren. Suppe und Gemüse mit **Salz, Pfeffer**
und Apfelessig abschmecken. Dazu passen
Gewürznüsse (siehe S. 157).

Fett und Mehl für die Form

70 g Möhren

60 g Haselnüsse

100 g Margarine (vegan)

200 g Weizenmehl Type 405

100 g Zucker

1 TL Weinsteinbackpulver

1 TL Natron

½ TL Zimtpulver

Salz

200 g Apfelmus

1 EL Sonnenblumenmus

125 g Puderzucker

2–2 ½ EL Zitronensaft

MÖHREN-NUSS-KUCHEN

10 MIN.   35 MIN.   30 MIN.   6–8   VEGAN

Was für ein genialer, luftiger Teig: Die Kombination aus Apfel- und Sonnenblumenmus ist einfach ein perfekter, rein pflanzlicher Ersatz für die fast obligatorischen Eier im Rührteig.

Den Backofen auf 180 °C (Umluft) vorheizen. Eine Springform (26 cm Ø) einfetten und mit Mehl bestäuben. Die Möhren fein raspeln. Die Haselnüsse zermahlen. Die Margarine schmelzen. Mehl, Zucker, Backpulver, Natron, Zimt und 1 Prise Salz in einer Schüssel mischen.

Apfelmus, Sonnenblumenmus und Margarine in die Schüssel zur Mehlmischung geben und mit dem Schneebesen oder Handrührgerät zu einem glatten Teig verrühren. Möhren und Haselnüsse unterheben. Den Teig in die Form füllen und glatt streichen. Auf der mittleren Schiene des vorgeheizten Ofens 30 bis 35 Minuten backen, bis der Kuchen gut gebräunt und durchgebacken ist. Herausnehmen und abkühlen lassen.

Puderzucker mit 2 Esslöffeln Zitronensaft verrühren und bei Bedarf noch weiter verdünnen, bis eine dickflüssige Konsistenz erreicht ist. Den abgekühlten Kuchen damit beträufeln, den Guss gleichmäßig verteilen und fest werden lassen.

Fett und Mehl für die Form

50 g dunkle Schokolade (oder mehr)

150 g Weizenmehl Type 405

50 g Kakaopulver

150 g Zucker

1 TL Weinsteinbackpulver

Salz

100 g Margarine (vegan)

200 g Apfelmus

1 EL Sonnenblumenmus

125 ml Pflanzendrink, z. B. Buchweizendrink (siehe S. 145)

gehackte Nüsse (nach Belieben)

BROWNIES

10 MIN.   35 MIN.   30 MIN.   6–8   VEGET./VEGAN

Den Backofen auf 160 °C (Umluft) vorheizen. Eine Auflaufform (20 × 30 cm) einfetten und mit Mehl bestäuben. Die Schokolade grob hacken. Mehl, Kakaopulver, Zucker, Backpulver und ¼ Teelöffel Salz in einer Schüssel mischen.

Die Margarine schmelzen. Apfelmus, Sonnenblumenmus und Pflanzendrink in die Schüssel zur Mehlmischung geben und mit dem Schneebesen oder Handrührgerät zu einem glatten Teig verrühren. Schokolade unterheben. Den Teig in die Form füllen und glatt streichen. Auf der mittleren Schiene des vorgeheizten Ofens 30 bis 35 Minuten backen, nach 20 Minuten auf 150 °C herunterschalten. Brownies aus dem Ofen nehmen und abkühlen lassen. In Stücke schneiden. Nach Belieben mit geschmolzener Schokolade beträufeln und mit gehackten Nüssen bestreuen.

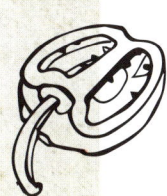

KAPITEL 3

BEST OF THE REST

- - - -

Die passgenaue Menge für den eigenen oder den Hunger der Liebsten zu kochen, ist gar nicht so leicht. Und so bleibt nach einer Mahlzeit häufig etwas übrig.

Nicht selten wandern diese Hinterlassenschaften sofort oder nach einigen Tagen im Kühlschrank in den Müll und tragen so zur Lebensmittelverschwendung bei. Ich sage: Schluss damit!

Denn nun hauche ich Kartoffeln, Nudeln, Fleisch & Co. vom Vortag neues Leben ein. Für die häufigsten Überbleibsel habe ich rund 30 tolle Rezepte entwickelt, die abwechslungsreicher nicht sein könnten und euch restlos begeistern werden. Auch altes Brot, Gemüsereste sowie nicht mehr ganz frisches Obst erhalten ihre verdiente zweite Chance. Denn wer kann bei Semmelknödeln mit Pilzrahm, wärmendem Zwiebelkuchen oder fruchtig-frischer Granita schon Nein sagen?

Allerlei Tipps und Anregungen für weitere Verwendungsmöglichkeiten habe ich zudem auf fünf informativen Sonderdoppelseiten bereitgestellt. So sinkt die Versuchung zur schnellen Entsorgung der köstlichen Speiserelikte garantiert auf praktisch null. Unnötige Essensreste im Biomüll sind also ab jetzt Geschichte.

25 MIN.   1 STD.   2   VEGAN

400 g Pellkartoffeln
vom Vortag; vorwiegend
festkochend

160 g Dinkelmehl Type 630

Salz

Mehl für die Arbeitsfläche

GNOCCHI ...

Die Italiener rümpfen vielleicht die Nase, aber Gnocchi lassen sich auch gut mit Kartoffeln vom Vortag zubereiten. Und nach 1 Stunde Pause lassen sie sich auch perfekt anbraten.

Die Kartoffeln pellen und mit einer Gabel fein zerdrücken. Mit dem Mehl und ⅓ Teelöffel Salz rasch verkneten und in 4 Portionen teilen. Mit den Händen auf der bemehlten Arbeitsfläche zu daumendicken Rollen formen. Die Rollen in ca. 1 Zentimeter lange Stücke schneiden und diese mit einer Gabel leicht flach drücken.

In einem Topf Salzwasser zum Kochen bringen. Die Gnocchi darin in mehreren Portionen bei mittlerer Hitze garen, bis sie an die Oberfläche steigen. Jeweils mit einem Schaumlöffel herausheben, abtropfen lassen und bis zur Verwendung auf zwei Tellern 1 Stunde ruhen lassen.

... MIT KIRSCHTOMATEN

15 MIN.   2   VEGAN

250 Gramm **bunte Kirschtomaten** halbieren.
4 **Frühlingszwiebeln** in Ringe schneiden.
1 **Knoblauchzehe** abziehen und fein würfeln.
1 Rezept **Gnocchi** in 2 Esslöffel **Öl** anbraten,
bis sie leicht gebräunt sind. Tomaten und
Knoblauch dazugeben und 2 bis 3 Minuten
mitbraten. 1 Teelöffel **Zucker** hinzufügen
und alles leicht karamellisieren lassen. Die
Frühlingszwiebeln untermischen und mit
1 Esslöffel **Aceto balsamico** ablöschen. Mit
Salz und **Pfeffer** abschmecken. 1 Handvoll
Basilikumblätter unterheben. Die Gnocchi
auf zwei Teller verteilen und servieren. Nach
Belieben noch etwas **Hartkäse** darüberreiben.

... MIT SPARGEL & FRÜHLINGSPESTO

25 MIN.   2   VEGETARISCH

6 Stangen **weißen Spargel** schälen, in kleine
Stücke schneiden und in 4 bis 5 Minuten
bissfest dämpfen. Abgießen, kalt abschrecken
und abtropfen lassen. Für das Pesto 1 Esslöffel
Sonnenblumenkerne und 1 Esslöffel
Buchweizen in einer Pfanne ohne Fett anrösten,
bis es duftet. Herausnehmen und im Blitzhacker
grob hacken. 2 Handvoll **Frühlingskräuter**
(z. B. Giersch, Bärlauch, Kerbel, Sauerampfer,
Pimpinelle) hacken. 30 Gramm **Hartkäse** mit
den Fingern zerbröckeln. Kräuter, Kerne und
Käse mit ½ Esslöffel **Zitronensaft** und 4 bis
5 Esslöffel **Öl** verrühren. Mit **Salz** und **Pfeffer**
abschmecken. 1 Rezept **Gnocchi** in 1 Esslöffel Öl
anbraten, bis sie leicht gebräunt sind. Spargel
dazugeben und 2 bis 3 Minuten mitbraten. Mit
Pesto servieren.

45 MIN.   25 MIN.   2   VEGAN

FÜR TEIG & »SCHMAND«

160 g Weizenmehl Type 550

5 EL Öl

Salz

Mehl zum Verarbeiten

2 ½ EL Sonnenblumenkerne

2 TL blütenzarte
Haferflocken

2 EL Zitronensaft

1 TL mittelscharfer Senf

2 Prisen Zucker

Kala Namak (nach Belieben)

AUSSERDEM

200 g braune Champignons

1 Knoblauchzehe

3 Zweige Rosmarin

1 EL Aceto balsamico

½ EL Öl

Salz

Pfeffer

300 g Pellkartoffeln vom
Vortag

1 rote Zwiebel

1 Handvoll Rucola

FLAMMKUCHEN MIT PILZEN & RUCOLA

Knuspriger Flammkuchen gehört für mich einfach zum Herbst dazu. Seit ich diese vegane Variante mit Kartoffeln vom Vortag entwickelt habe, lasse ich das Original gerne links liegen.

Für den Teig Mehl, 2 Esslöffel Öl, 2 Prisen Salz und 90 Milliliter Wasser in einer Schüssel mit den Knethaken des Handrührgeräts zu einem glatten Teig verarbeiten. Zu einer Kugel formen, mit Mehl bestäuben und 30 Minuten ruhen lassen.

Für den veganen »Schmand« Sonnenblumenkerne und Haferflocken mit Zitronensaft, restlichem Öl, Senf, Zucker, 1 Prise Salz und 5 Esslöffel Wasser in einem Mixbecher mit dem Stabmixer zu einer feinen Creme mixen. Mit Salz und nach Belieben 1 kleinen Prise Kala Namak abschmecken.

Den Backofen auf 250 °C vorheizen. Champignons putzen und in Scheiben schneiden. Knoblauch abziehen und fein würfeln. Rosmarinnadeln abzupfen und fein hacken. Pilze mit Knoblauch, Rosmarin, Essig und Öl marinieren. Mit Salz und Pfeffer würzen. Kartoffeln in dünne Scheiben schneiden.

Den Teig in 2 Portionen teilen. Auf der bemehlten Arbeitsfläche jeweils hauchdünn auf ca. 35 × 20 Zentimeter ausrollen und auf zwei bemehlte Backbleche legen. Mit dem »Schmand« bestreichen, dabei jeweils einen schmalen Rand frei lassen. Anschließend zuerst mit den Kartoffeln und dann mit den Pilzen belegen. Einen Flammkuchen auf der mittleren Schiene des vorgeheizten Backofens in 10 bis 12 Minuten knusprig braun backen.

Die Zwiebel abziehen und in feine Ringe schneiden. Den Flammkuchen herausnehmen, halbieren und etwas Pfeffer grob darübermahlen. Mit Rucola und Zwiebeln bestreuen und servieren. Währenddessen den zweiten Flammkuchen backen.

TIPP

Mit reichlich Öl ist dieser Flammkuchen nicht ganz ohne. Für eine kalorienärmere Variante kann man den »Schmand« aus Seidentofu herstellen. Dafür 200 Gramm Seidentofu mit 1 Esslöffel Öl, 2 Prisen Salz, 1 Teelöffel Apfelessig sowie nach Belieben 1 Prise Kala Namak fein pürieren. Mit Salz abschmecken.

Kartoffeln

Die kohlendhydratreichen Einwanderer aus Südamerika sind besonders für Vegetarier und Veganer ein echtes Geschenk. Denn sie enthalten ganz nebenbei auch noch hochwertiges Eiweiß, in dem alle essenziellen Aminosäuren stecken, sowie jede Menge Vitamine und Mineralstoffe. Und noch dazu haben besonders Biokartoffeln eine grandiose Ökobilanz. Grund genug, sie – wie schon zu Großmutters Zeiten – regelmäßig in den Speiseplan aufzunehmen. Und das wird bei der Vielzahl von Sorten und Zubereitungsarten garantiert nie langweilig ...

BESTE RESTE

- Damit Kartoffeln als Gnocchi (siehe S. 76), auf Flammkuchen (siehe S. 78), im Kürbiscurry (siehe S. 83) oder als knusprige Plätzchen (siehe S. 84/85) ihren zweiten Frühling erleben, sollten sie zuvor zugedeckt im Kühlschrank gelagert werden. So halten sie sich auch locker noch bis zum übernächsten Tag. Weitere Ideen für Reste der beliebten Knollen habe ich hier zusammengestellt.

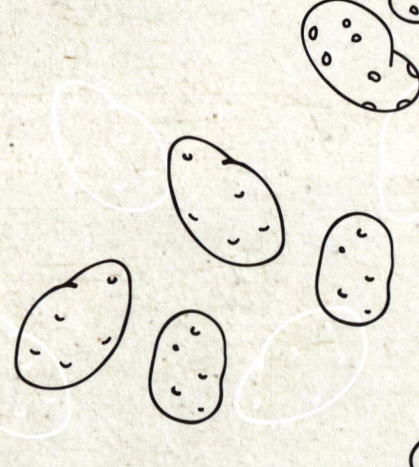

BRATKARTOFFELN

Sie sind der Klassiker der Resteverwertung von Pell- oder Salzkartoffeln. Die Kartoffeln dafür gegebenenfalls pellen und in Scheiben oder Würfel schneiden. In Butterschmalz langsam goldbraun braten. Dabei geduldig warten, bis eine Seite gut gebräunt ist, dann wenden und auf diese Art weiterbraten, bis die Kartoffeln rundherum gebräunt sind. Mit Salz, Pfeffer und Cayennepfeffer würzen, auf zwei Teller verteilen und servieren. Während des Bratprozesses können weitere Zutaten wie Zwiebeln, Speck oder Gemüse zugefügt werden. In kleineren Mengen und kleinen Würfeln sind Bratkartoffeln auch ein tolles Topping für Salate und Suppen!

KARTOFFELSUPPE

Die einfachste Version: Eine Gemüsebrühe kochen, wobei das Mengenverhältnis von Brühe zu Kartoffeln 2 : 1 betragen sollte. Die Brühe nach Belieben mediterran mit Knoblauch und Thymian oder Rosmarin würzen. Kartoffeln gegebenenfalls pellen und durch die Kartoffelpresse in die Brühe drücken. Kurz köcheln lassen, nach Wunsch noch etwas Sahne hinzufügen und mit Salz, Pfeffer sowie etwas Apfelbalsamessig abschmecken.

GEFÜLLTE KARTOFFELN

Große Pellkartoffeln (mit Schale) halbieren und mit einem Löffel etwas aushöhlen. Die Füllung der gratinierten Zucchini-Nudel-Nester (siehe S. 88) zubereiten – sie reicht für 4 große Kartoffeln –, die ausgelösten Kartoffelstücke zerdrücken und untermischen. Die Mischung in die Kartoffeln füllen, diese in eine Auflaufform setzen und auf der mittleren Schiene des 180 °C heißen Backofens (Umluft) 20 bis 25 Minuten überbacken.

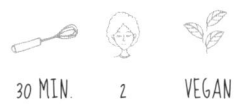

30 MIN. 2 VEGAN

1 Zwiebel

2 Knoblauchzehen

1 fingerdicke Scheibe Ingwer

1 mittelgroße Birne (regionale Sorte)

1 EL Öl

2 TL Currypulver

2-2½ TL Zucker

300 ml Gemüsebrühe

1½-2 EL Zitronensaft

500 g Hokkaidokürbis

1 rote Paprikaschote

Salz

½ TL braune Senfsamen

300 g gekochte Pellkartoffeln vom Vortag, festkochend

1 Bund Koriandergrün

1 rote Chilischote

1 Handvoll Blaubeeren

1 Prise gemahlener Kreuzkümmel

KÜRBISCURRY MIT BLAUBEERCHUTNEY

Auf der Suche nach Ersatz für Kokosmilch bin ich bei der Birne gelandet. Beim Pürieren wird sie wunderbar sämig und bereitet mit ihrem süßlichen Aroma die perfekte Basis für ein Curry.

Die Zwiebel und 1 Knoblauchzehe abziehen, Ingwer schälen. Alles fein würfeln. Die Birne halbieren, vom Kerngehäuse befreien und ebenfalls würfeln. Zwiebel, Knoblauch, Ingwer und Birne in einem Topf in dem Öl zugedeckt bei nicht zu starker Hitze 3 Minuten dünsten. Currypulver und 2 Teelöffel Zucker dazugeben und kurz weiterbraten bzw. leicht karamellisieren. Die Brühe sowie 1 Esslöffel Zitronensaft angießen und alles zugedeckt etwa 5 Minuten köcheln lassen.

In der Zwischenzeit den Kürbis entkernen (die Kerne nicht wegwerfen, sie schmecken geröstet einfach himmlisch; siehe S. 138) und würfeln. Paprikaschote halbieren, vom Kerngehäuse befreien und ebenfalls würfeln. Die Sauce fein pürieren und mit Salz würzen. Kürbis, Paprika und Senfsamen dazugeben und zugedeckt 6 bis 8 Minuten dünsten.

Die Kartoffeln pellen und in dicke Scheiben schneiden. Zum Curry geben und dieses zugedeckt weitere 5 Minuten garen, bis der Kürbis weich ist.

Für das Chutney Koriander samt Stängeln fein hacken. Chilischote in Ringe schneiden. Restlichen Knoblauch abziehen und fein würfeln. Alles mit Blaubeeren, Kreuzkümmel und ½ Esslöffel Zitronensaft mischen und mit Salz sowie etwas Zucker abschmecken.

Das Curry mit Salz und Zitronensaft abschmecken und auf zwei Teller verteilen. Das Chutney darauf anrichten und alles servieren.

TIPP

Auch gegarte Gemüsereste vom Vortag wie Brokkoli, Blumenkohl, Rosenkohl oder Stangenbohnen können gut in das Curry wandern. Diese zum gleichen Zeitpunkt wie die Kartoffeln in das Curry geben.

Eine absolut klassische Art der Kartoffelzweitverwertung sind knusprige Plätzchen aus der Pfanne. Damit keine Langeweile aufkommt, habe ich zwei ganz frische Varianten entwickelt.

150 g Möhren

Salz

3 Stängel Petersilie

1 Schalotte

350 g Pellkartoffeln vom Vortag

1 Ei (Größe M)

6 EL Dinkelmehl Type 630

Muskatnuss, frisch gerieben

Pfeffer

2 EL Öl zum Braten

125 g Schmand

½ EL Leinöl

1 TL mittelscharfer Senf

1 fingerdickes Bund Schnittlauch

KARTOFFEL-MÖHREN-PLÄTZCHEN

20 MIN.   2   VEGETARISCH

Die Möhren fein raspeln, mit etwas Salz mischen und beiseitestellen. Die Petersilie samt Stängeln fein hacken. Die Schalotte abziehen und fein würfeln. Kartoffeln gegebenenfalls pellen und fein zerdrücken. Die Möhren kräftig ausdrücken, dabei die Flüssigkeit auffangen.

Kartoffeln, Möhrenraspel, Schalotte, Petersilie, Ei, Mehl und etwas Muskatnuss mischen und mit Salz sowie Pfeffer abschmecken. Aus der Masse 8 Plätzchen formen und diese in einer Pfanne in Öl in 6 bis 8 Minuten auf beiden Seiten goldbraun braten.

Inzwischen für den Dip Schmand, Leinöl und Senf mit etwas Möhrenflüssigkeit glatt rühren. Den Schnittlauch in Röllchen schneiden und untermischen. Mit Salz und Pfeffer abschmecken und mit den Plätzchen servieren.

100 g Grünkernschrot

250 ml Gemüsebrühe

½ Stange Lauch

Öl

250 g Pellkartoffeln vom Vortag

1 EL scharfer Senf

1 TL Currypulver

2 EL Dinkelmehl Type 630

1 Knoblauchzehe

Salz

Pfeffer

1 kleiner Apfel

1 kleine rote Zwiebel

1 kleines Bund Kerbel

75 g Käse, z. B. Gouda

1 EL Apfelessig

1 TL Honig

GRÜNKERN-KARTOFFEL-PLÄTZCHEN

45 MIN.   2   VEGETARISCH

Grünkernschrot mit der Brühe aufkochen und zugedeckt ca. 20 Minuten leise köcheln lassen. Vom Herd nehmen, auf einen Teller geben und abkühlen lassen. Lauch in Ringe schneiden und in ½ Esslöffel Öl sowie 2 Esslöffel Wasser in 5 Minuten weich dünsten. Kartoffeln pellen und zerdrücken. Mit Lauch, Grünkern, Senf, Currypulver und Mehl mischen. Knoblauch abziehen und dazupressen. Mit Salz und Pfeffer abschmecken. Aus der Masse 10 Plätzchen formen und diese in einer Pfanne in Öl in 6 bis 8 Minuten auf beiden Seiten goldbraun braten.

In der Zwischenzeit für das Apfeltatar den Apfel entkernen, die Zwiebel abziehen und beides fein würfeln. Kerbel fein hacken, Käse fein würfeln. Alles mit Essig und Honig mischen und mit Salz sowie Pfeffer abschmecken. Mit den Grünkernplätzchen servieren.

Ob als Rest vom Vortag oder bewusst mehr gekocht: Mit diesen vier spannenden Gerichten aus der Pfanne schmeckt Pasta die Zweite mindestens genauso gut wie Pasta die Erste.

PASTA MIT BROKKOLI UND SCHINKEN

20 MIN.   2   FLEISCH

250 Gramm **Brokkoli** (Röschen und Stiel, in Scheiben) in 4 Minuten bissfest dämpfen. Abgießen, kalt abschrecken und abtropfen. In einer Pfanne in 2 Esslöffeln **Öl** anbraten. 2 **Frühlingszwiebeln** (in feinen Ringen), 1 **Knoblauchzehe** (geschält und gehackt) und 80 Gramm **rohen Schinken** (luftgetrocknete Scheiben, in Streifen geschnitten) kurz mitbraten, 1 Teelöffel **Honig** dazugeben und leicht karamellisieren, mit ½ Esslöffel **Apfelbalsamessig** ablöschen. 400 Gramm **gekochte Nudeln** vom Vortag dazugeben und in der Pfanne schwenken. Mit **Salz, Pfeffer** und Essig abschmecken, mit 2 Teelöffeln geröstetem **Buchweizen** bestreuen.

PASTA MIT SPINAT UND PILZEN

20 MIN.   2   VEGETARISCH

300 Gramm **Pilze** (z. B. **Champignons**) putzen und bei Bedarf klein schneiden. 1 **rote Zwiebel** abziehen und fein würfeln. Zwiebelwürfel und Pilze in einer Pfanne in 2 Esslöffeln **Öl** anbraten, bis beides leicht gebräunt ist. 150 Gramm **bunte Kirschtomaten** (halbiert) und 1 **Knoblauchzehe** (gewürfelt) kurz mitbraten, dann 2 Teelöffel **Honig** dazugeben und leicht karamellisieren. Mit 2 Esslöffeln **Apfelbalsamessig** ablöschen. 400 Gramm **gekochte Nudeln** vom Vortag und 2 Handvoll **Spinatblätter** dazugeben und in der Pfanne schwenken, bis der Spinat zusammengefallen ist. Mit **Salz** und **Pfeffer** abschmecken.

PASTA MIT SALBEIMÖHREN

20 MIN.   2   VEGETARISCH

400 Gramm **Möhren** in Scheiben schneiden.
1 **rote Zwiebel** und 2 **Knoblauchzehen**
abziehen und fein würfeln. 20 **Salbeiblätter** in
Streifen schneiden. 1 Handvoll **Walnusskerne**
zerbröckeln. In einer Pfanne 2 Esslöffel **Öl**
erhitzen. Möhren und Zwiebelwürfel darin
anbraten. 100 Milliliter Wasser angießen und
mit schräg aufgelegtem Deckel 5 Minuten
dünsten, bis die Flüssigkeit verkocht ist.
Knoblauch, Salbei, Walnüsse und 2 Esslöffel
Rosinen kurz mitbraten. 2 Teelöffel **Honig**
darin leicht karamellisieren. Mit je 1 Esslöffel
Rotweinessig und **Zitronensaft** ablöschen.
Mit **Salz, Pfeffer** und 2 Prisen **Zimtpulver**
würzen. 400 Gramm **gekochte Nudeln**
vom Vortag (z. B. Tortiglioni) in der Pfanne
schwenken, bis die Nudeln warm sind. Mit
Zitronensaft abschmecken und auf zwei Teller
verteilen. 1 **Ziegenfrischkäsetaler** zerbröckeln
und darüberstreuen.

SPARGELPASTA MIT CHILIBUTTER

20 MIN.   2   VEGETARISCH

400 Gramm **grünen Spargel** im unteren
Drittel schälen und in Stücke schneiden. In
3 Minuten bissfest dämpfen. Abgießen und
kalt abschrecken. 2 **rote Chilischoten** samt
Kernen fein hacken. Schale von 1 **Biozitrone**
fein abreiben, den Saft auspressen. 40 Gramm
weiche **Butter** und 1 Esslöffel **Öl** mit Chili-
stücken, Zitronenschale und -saft sowie
1 Teelöffel **Honig** fein pürieren. Mit **Salz** und
Pfeffer würzen. 400 Gramm **gekochte Nudeln**
vom Vortag (z. B. Tagliatelle) mit dem Spargel
und der Butter in einer Pfanne schwenken,
bis die Nudeln und der Spargel heiß sind. Mit
Salz und Pfeffer abschmecken, auf zwei Teller
verteilen und servieren.

15 MIN.   25 MIN.   2   VEGETARISCH

1 Zucchino, ca. 250 g

Salz

300 g gekochte lange Nudeln
vom Vortag, z. B. Spaghetti,
Bavette oder Tagliatelle

100 g Kirschtomaten

1 Zweig Rosmarin

1 Knoblauchzehe

½ Biozitrone

100 g Weichkäse, z. B.
Camembert

1 TL Honig

2 EL Öl

Pfeffer

GRATINIERTE ZUCCHINI-NUDEL-NESTER

Resteverwertung vom Feinsten: Nudeln vom Vortag und trendige »Zoodles« aus Zucchini kommen zu Nestern gedreht und würzig getoppt in den Ofen und dann auf den Teller. Lecker!

Den Zucchino mit dem Spiralschneider in »Spaghetti« schneiden. In einem Topf Salzwasser zum Kochen bringen und die Zucchino»spaghetti« 1 Minute darin blanchieren. Abgießen, kalt abschrecken und abtropfen lassen. Zucchino»spaghetti« salzen und mit den Nudeln mischen. Zu 6 Nestern aufdrehen und diese in eine Auflaufform legen.

Den Backofen auf 180 °C (Umluft) vorheizen. Die Tomaten vierteln. Rosmarinnadeln abzupfen und grob hacken. Knoblauch abziehen und fein würfeln. Die Zitronenschale fein abreiben, den Saft auspressen. Den Käse grob würfeln. Tomaten, Rosmarin, Knoblauch und Käse mit Zitronenschale, 1½ Esslöffel Zitronensaft, Honig und Öl mischen. Mit Salz und Pfeffer würzen.

Die Tomaten-Käse-Mischung mittig auf den Nestern verteilen. Diese auf der mittleren Schiene des vorgeheizten Backofens 20 Minuten backen. Zum Schluss noch kurz den Grill zuschalten und den Käse leicht bräunen. Die Nester auf Tellern anrichten und servieren. Dazu passt ein grüner Salat (siehe Tipp).

TIPP

Für das Salatdressing 2 Esslöffel Himbeeressig, 2 Esslöffel Walnussöl, 2 Teelöffel scharfen Senf und 2 Teelöffel Honig verrühren. Mit Salz und Pfeffer abschmecken. 1 rote Zwiebel abziehen, fein würfeln und mit dem Dressing mischen. Von ½ Salatkopf (z. B. Eichblattsalat) die Blätter ablösen, waschen, trocken schleudern und etwas klein zupfen. Mit dem Dressing mischen und servieren.

2 EL Zitronensaft

1-2 TL Honig

½ TL gemahlener
Kreuzkümmel

5 EL Öl

1 Knoblauchzehe (nach

Belieben)

Salz

Pfeffer

250 g gekochte Quinoa vom

Vortag; alternativ Couscous,

Bulgur, Hirse, Reis oder

Amaranth

1 Bund Petersilie

4 Stiele Minze

2 Frühlingszwiebeln

1 orangefarbene oder gelbe

Paprikaschote

150 g Salatgurke

50 g altes Weißbrot

4 EL Weizenmehl Type 405

100 g Ziegenkäserolle

TABOULÉ MIT GEBACKENEM ZIEGENKÄSE

Nach dem Taboulé-Prinzip lassen sich nicht nur Couscous und Bulgur zu dem allseits beliebten Salat verarbeiten, auch Quinoa, Hirse, Reis oder Amaranth geben darin eine gute Figur ab.

Für das Dressing Zitronensaft, Honig, Kreuzkümmel und 2 Esslöffel Öl verrühren. Nach Belieben den Knoblauch abziehen und dazupressen. Mit Salz und Pfeffer abschmecken. Das Dressing über die Quinoa gießen. Petersilien- und Minzeblätter von den Stängeln bzw. Stielen zupfen und grob hacken. Frühlingszwiebeln in Ringe schneiden und mit den Kräutern unter die Quinoa heben. Paprikaschote längs halbieren und entkernen, ebenso wie die Gurke klein schneiden und ebenfalls untermischen.

Für den Käse zunächst die Panade herstellen. Dafür das Brot würfeln, im Blitzhacker zermahlen und auf einen Teller häufen. 2 Esslöffel Mehl mit etwas Wasser in einem tiefen Teller dickflüssig anrühren. Restliches Mehl auf einen Teller häufen.

Den Käse in 4 dicke Scheiben schneiden. Diese zunächst im Mehl wenden, dann durch die Mehl-Wasser-Mischung ziehen und schließlich in der Panade wenden. Restliches Öl in einer Pfanne erhitzen und die Käsetaler darin ca. 6 Minuten auf beiden Seiten goldbraun ausbacken. Abtropfen lassen. Den Salat auf Schälchen verteilen, den Käse darauf anrichten und servieren.

> **TIPP**
>
> Wer es lieber vegan mag, verzichtet auf Honig und kann statt Ziegenkäse auch gebratene Zucchini- bzw. Auberginenscheiben oder gedämpften Blumenkohl panieren und ausbacken. Diese vorher noch kräftig würzen. Auch getrocknete Tomaten lassen sich perfekt panieren und knusprig ausbacken.

1 Zwiebel

2 Knoblauchzehen

1 Scheibe Ingwer

1 grüne Chilischote

400 g Tomaten

100 g gemischtes
Suppengemüse, z. B. Möhre,
Sellerie und Lauch

2 EL Öl

¼ TL Zimtpulver

½ TL gemahlener
Kreuzkümmel

½ TL gemahlene Kurkuma

1 EL Zucker

50 g Rosinen

Salz

200 g gegarte Hülsenfrüchte
vom Vortag (siehe Tipp)

1 Biozitrone

Pfeffer

2 Stängel Petersilie oder
1 Handvoll Koriandergrün

VEGETARISCHE HARIRA

Meist wird die nordafrikanische Suppe, die besonders gerne am frühen Morgen oder späten Abend im Ramadan genossen wird, mit Fleisch zubereitet. Ich finde sie ohne genauso lecker.

Zwiebel und 1 Knoblauchzehe abziehen, Ingwer schälen. Chilischote längs halbieren und entkernen. Alles fein würfeln. Die Tomaten ebenfalls würfeln, dabei die Stielansätze entfernen. Das Suppengemüse klein schneiden.

Das Öl in einem großen Topf erhitzen und die Zwiebelwürfel darin anbraten, bis sie glasig und leicht gebräunt sind. Knoblauch-, Ingwer- und Chiliwürfel sowie gemahlene Gewürze hinzufügen und kurz mitbraten. Den Zucker dazugeben und etwas karamellisieren. Tomaten, Suppengemüse, Rosinen und 300 Milliliter Wasser hinzufügen, mit Salz würzen, alles zum Kochen bringen und zugedeckt bei schwacher bis mittlerer Hitze 15 Minuten köcheln lassen, dabei nach 10 Minuten die Hülsenfrüchte dazugeben.

Die Zitrone halbieren, von einer Hälfte die Schale fein abreiben und den Saft auspressen. Restlichen Knoblauch abziehen und in die Suppe pressen, Zitronenschale unterrühren. Die Suppe mit Salz, Pfeffer und Zitronensaft abschmecken. Petersilien- bzw. Korianderblätter von den Stängeln zupfen, Letztere fein hacken und unter die Suppe rühren. Die Blätter nach Belieben grob hacken. Die restliche ½ Zitrone in dünne Scheiben schneiden und diese anschließend vierteln. Die Suppe auf tiefe Teller oder Schalen verteilen und mit den Kräutern und den geviertelten Zitronenscheiben garnieren.

> **TIPP**
>
> Als Hülsenfrüchte können Kichererbsen sowie alle Linsen- und Dicke-Bohnen-Sorten – jeweils als Rest vom Vortag, gerne auch gemischt – verwendet werden. Aber auch andere Ergänzungen verträgt diese Suppe perfekt, etwa Reis, Nudeln, Kartoffeln, Süßkartoffeln, Hackfleisch oder Hähnchenfleisch. Immer rein damit!

20 MIN.   30 MIN.   2   VEGETARISCH

1 Stängel Dill

100 g Feta

½ TL schwarze Pfefferkörner

½ TL rosa Beerenpfeffer

100 g gekochte Erbsen vom
Vortag

1 TL Honig

Salz

Pfeffer

je 1 gelber und grüner
Zucchino

3 EL Öl

100 ml Gemüsebrühe

4 getrocknete Tomaten

GEFÜLLTE ZUCCHINI MIT ERBSEN

Längs gefüllte Zucchini erinnern mich immer an die Achtzigerjahre. Deswegen verpasse ich dem Klassiker ein Update im Hochformat und gebe gleichzeitig Erbsen vom Vortag eine zweite Chance.

Den Backofen auf 200 °C vorheizen. Für die Füllung den Dill samt Stängel fein hacken. Den Feta fein zerbröckeln. Beide Pfeffersorten grob zermörsern. Feta, Erbsen, Dill bis auf 1 Esslöffel, Pfeffer und Honig mischen. Die Mischung salzen und pfeffern.

Die Zucchini quer in 4 dicke Stücke schneiden und aushöhlen. Unten und am Rand ½ Zentimeter Rand stehen lassen. Mit der Feta-Erbsen-Mischung füllen und in eine Auflaufform setzen. Mit 1 Esslöffel Öl beträufeln, die Brühe angießen. Die Zucchini auf der mittleren Schiene des vorgeheizten Backofens 30 Minuten backen, bis die Füllung leicht gebräunt ist.

Für das Tomatenöl die Tomaten 15 Minuten in heißem Wasser einweichen. Abtropfen lassen, fein würfeln und mit dem restlichen Öl fein pürieren. Mit Salz und Pfeffer abschmecken.

Etwas Tomatenöl auf zwei Tellern verteilen, die gefüllten Zucchinistücke daraufsetzen und diese mit dem restlichen Dill bestreuen. Dazu passt ein grüner Salat oder Taboulé (siehe S. 91).

TIPP

Auch hier können die Hülsenfrüchte ganz easy ausgetauscht werden: In diesem Fall sind Kichererbsen und alle Sorten Dicker Bohnen meine Favoriten. Aber auch Grünkernschrot, Dinkel, Bulgur oder rote Quinoa harmonieren wunderbar mit Feta und Zucchini.

Es zeichnet sich mal wieder ab, dass zu viel Brot im Haus ist? Dann heißt es schnell reagieren: Einfrieren ist eine Möglichkeit. Hat das Brot allerdings schon seine beste Zeit hinter sich, trocknet ihr es – um Schimmel vorzubeugen – am besten gleich ganz durch! Das klappt am besten in dünne Scheiben geschnitten an der Luft oder bei niedriger Temperatur im Ofen. Anschließend in einer Papiertüte aufbewahren. Das lohnt sich, denn – ob gewürfelt oder fein zermahlen – trockenes Brot ist überraschend vielseitig einsetzbar.

Altes Brot

....

BESTE RESTE

Getrocknet und fein zermahlen sind weiße Brötchen, Baguette sowie Weiß- und Mischbrot als Paniermehl ein vielseitiger Helfer in der Küche. Darin lässt sich beispielsweise ein Wildschweinschnitzel (siehe S. 63) liebend gerne einhüllen. Aber auch geröstete buttrige Brösel als Knuspertopping für Spargel, Blumenkohl oder veganen Fenchelrisotto (siehe S. 51) oder als Hülle für Knödel sind ein wahrer Genuss. Weitere Verwendungen von altem Brot sind ...

....

ARME RITTER

Ein echter Klassiker: Dafür 250 Milliliter Pflanzendrink (z. B. Buchweizendrink, siehe S. 149), 1 Ei (Größe M), 1 Prise Salz und 1 Esslöffel Zucker verrühren, bis sich der Zucker aufgelöst hat. 4 Scheiben altbackenes Weißbrot darin ca. 30 Minuten einweichen. Anschließend 2 Esslöffel Öl in einer Pfanne erhitzen. Die Brotscheiben aus der Pflanzendrinkmischung heben, etwas abtropfen lassen und in dem Öl rundherum goldbraun braten. Aus der Pfanne nehmen und noch einmal kurz abtropfen lassen. Mit Zimt-Zucker, Konfitüre oder gesüßtem Nussmus servieren.

BRUSCHETTA

Dafür 1 rote Zwiebel und 1 Knoblauchzehe abziehen und fein würfeln. 400 Gramm Tomaten klein würfeln, dabei die Stielansätze entfernen. Die Blätter von 1 Bund Basilikum abzupfen und in Streifen schneiden, die Stängel fein hacken. Alles mit 2 Esslöffeln hellem Aceto balsamico und 1 Esslöffel Öl mischen. Mit Salz und Pfeffer würzen und etwas durchziehen lassen. 8 Scheiben altes Baguette oder Ciabatta in einer Pfanne im Öl von beiden Seiten knusprig braun rösten. 1 Knoblauchzehe halbieren und das Brot damit abreiben. Mit der Tomatenmischung belegen und servieren.

CROÛTONS

Brot in kleine Würfel schneiden und in der Pfanne in Öl rundherum knusprig braun rösten. Dabei beliebig würzen, z. B. mit Thymian, Oregano, Paprikapulver, Knoblauch oder Currypulver. Danach kurz abtropfen lassen und Cremesuppen oder Salate damit crunchy toppen.

15 MIN.   15 STD.   25 MIN.

30 MIN.   1   VEGAN

10 g Frischhefe

100 g Roggenmehl

450 g Dinkelmehl Type 630

50 g trockenes, gemahlenes
Brot (beliebige Sorte)

1 EL Salz (15 g)

1 EL Zucker

100 g Walnusskerne,
zerbröckelt

Mehl für Arbeitsfläche und
Blech

WURZELBROT MIT WALNÜSSEN

Häufig bleibt beim Brot ein kleiner trockener Rest übrig. Diesen kann man, komplett durchgetrocknet, fein zermahlen und in neues Brot wie dieses leckere Walnussbrot einbacken.

1 Gramm Hefe in 100 Milliliter lauwarmem Wasser auflösen und mit dem Roggenmehl zu einem Vorteig verrühren. Zugedeckt bei Zimmertemperatur 8 Stunden gehen lassen.

Restliche trockene Zutaten in einer Schüssel mischen. Restliche Hefe mit 300 Milliliter lauwarmem Wasser verrühren. Hefewasser und Vorteig zu den vermischten trockenen Zutaten geben und in 5 Minuten zu einem glatten Teig verkneten. Erneut zugedeckt bei Zimmertemperatur 6 Stunden gehen lassen.

Den Teig auf der bemehlten Arbeitsfläche noch einmal durchkneten. Zu einem länglichen Laib formen und zweimal ineinander verdrehen. Auf einem bemehlten Backblech und bei Zimmertemperatur noch einmal 1 Stunde gehen lassen.

Den Backofen auf 250 °C vorheizen. Eine ofenfeste Schale mit ½ Liter Wasser auf den Boden stellen. Das Wurzelbrot auf der mittleren Schiene des Backofens 12 Minuten backen, anschließend die Temperatur auf 200 °C reduzieren und das Brot in 13 Minuten fertig backen. Herausnehmen und auf einem Rost abkühlen lassen.

TIPP

Trockenes Weißbrot lässt sich super in Pitabrote einbacken. Für 8 Brote 10 Gramm Frischhefe mit 1 Teelöffel Zucker in 200 Milliliter lauwarmem Wasser auflösen. 300 Gramm Weizenmehl Type 550, 50 Gramm altes, trockenes, fein gemahlenes Weißbrot, 2 Esslöffel Weichweizengrieß und 1 knappen Teelöffel Salz in einer Schüssel mischen. 2 Esslöffel Öl und das Hefewasser dazugeben. Alles in 5 Minuten zu einem glatten Teig verkneten. Zugedeckt an einem warmen Ort 1½ Stunden gehen lassen. Den Teig erneut durchkneten, in 8 Portionen teilen und diese auf der bemehlten Arbeitsfläche zu 14 bis 15 Zentimeter großen Kreisen ausrollen. 10 Minuten gehen lassen. Jeden Kreis zu einer ovalen Scheibe ausrollen und diese auf einem bemehlten Backblech auf der mittleren Schiene des 250 °C heißen Ofens portionsweise 8 Minuten backen, bis sich die Pitabrote aufblähen und leicht gebräunt sind. Die Brote aufreißen oder -schneiden und beliebig füllen. Oder einfrieren, bei Bedarf passgenau entnehmen und kurz aufbacken.

15 MIN.   35 MIN.   2   VEGETARISCH

Fett für die Form

4–6 Scheiben altbackenes
Brot (je nach Größe)

1 Stange Lauch, ca. 300 g

1 EL Öl

1 TL Zucker

Salz

Pfeffer

Muskatnuss, frisch gerieben

3 Eier (Größe M)

100 g Ziegenfrischkäse

200 ml Pflanzendrink, z. B.
Buchweizendrink (siehe
S. 145)

1 Knoblauchzehe

1 Apfel (Elstar, Boskop oder
Jonagold, mittlere Größe)

2 TL Hanfsamen

⅓ TL Kümmelsamen

einige Schnittlauchhalme

1 kleine Handvoll Sprossen,
z. B. Rote-Bete-Sprossen

LAUCH-APFEL-QUICHE

Meine Favoriten aus der Kindheit, die »Armen Ritter«, haben mich dazu inspiriert, auch einmal eine Quiche mit altem Brot zuzubereiten. Und was soll ich sagen: Schmeckt!

Den Backofen auf 200 °C vorheizen. Den Boden einer Quicheform (28 cm Ø) einfetten und flächendeckend mit dem Brot auslegen, dafür die Scheiben etwas zurechtschneiden. Lauch in Ringe schneiden und in einer Pfanne in dem Öl 4 Minuten andünsten. ½ Teelöffel Zucker dazugeben und leicht karamellisieren. Lauch mit Salz, Pfeffer und Muskatnuss würzen und gleichmäßig auf dem Brot verteilen.

Eier, Ziegenfrischkäse und Pflanzendrink verrühren. Den Knoblauch abziehen und dazupressen. Mit Salz, Pfeffer und etwas Muskatnuss abschmecken und die Mischung über den Lauch gießen. Den Apfel halbieren und das Kerngehäuse entfernen. Die Hälften in Scheiben schneiden und die Quiche kreisförmig damit belegen. Leicht andrücken und mit dem restlichen Zucker bestreuen. Die Quiche zum Schluss mit Hanf- und Kümmelsamen bestreuen und auf der mittleren Schiene des vorgeheizten Backofens 35 Minuten backen, bis sie gestockt und die Oberfläche leicht gebräunt ist.

Schnittlauch in Röllchen schneiden. Die Quiche mit Schnittlauch und Sprossen garnieren, in Stücke schneiden und servieren.

TIPP

Die Quiche kann auch ganz klassisch mit Mürbeteig zubereitet werden. Dafür 150 Gramm kalte Margarine würfeln und mit 250 Gramm Weizenmehl Type 550, ½ Teelöffel Salz und 3 Esslöffeln kaltem Pflanzendrink (z. B. Buchweizendrink, siehe S. 145) rasch zu einem glatten Teig verkneten. 30 Minuten kühl stellen. Die Quicheform einfetten und mit etwas Mehl ausstreuen. Den Teig etwas größer als die Form ausrollen, die Form damit auslegen und einen Rand formen.

KRÄUTERSEMMELKNÖDEL MIT PILZRAHM

40 MIN.   20 MIN.   2   VEGETARISCH

Knödel sind ein Klassiker, wenn es um die Verwertung von altem Brot geht. Mein Rezept ist – bis auf die Eier – rein pflanzlich und hat mich mit allerlei frischen Kräutern restlos glücklich gemacht.

FÜR DIE KNÖDEL

1 Zwiebel

2 EL Margarine (vegan)

30 g gemischte Kräuter, z. B. Petersilie, Dill, Schnittlauch, Kerbel

4 altbackene Weizenbrötchen

2 Eier (Größe M)

150 ml Pflanzendrink, z. B. Buchweizendrink (siehe S. 145)

Salz

2 EL Hefeflocken

Pfeffer

AUSSERDEM

1 Zwiebel

1 Knoblauchzehe

2 EL Öl

1 TL Zucker

1 EL Apfelbalsamessig

40 g Sonnenblumenmus

200 ml Gemüsebrühe

4 EL Hefeflocken

Salz, Pfeffer

300 g Pilze, z. B. kleine Austernpilze, Kräuterseitlinge oder Champignons

Für die Knödel Zwiebel abziehen und fein würfeln. Margarine in einer Pfanne erhitzen und die Zwiebelwürfel darin glasig dünsten. Die Kräuter samt Stängeln fein hacken, die Brötchen fein würfeln. Brotwürfel mit den Zwiebeln, der Margarine, den Eiern, den Kräutern bis auf 2 Esslöffel, dem Pflanzendrink, 1 Teelöffel Salz und den Hefeflocken mischen. Mit Pfeffer würzen, 20 Minuten ziehen lassen.

Aus der Masse 6 bis 8 Knödel formen und diese in leicht siedendem Salzwasser 20 Minuten gar ziehen lassen. In der Zwischenzeit für die Rahmsauce Zwiebel und Knoblauch abziehen und fein würfeln. Die Zwiebel in einem Topf in 1 Esslöffel Öl glasig dünsten. Den Knoblauch dazugeben und kurz mitdünsten. Den Zucker in der Pfanne schmelzen und mit dem Essig ablöschen. Sonnenblumenmus und Brühe hinzufügen und cremig einkochen lassen. Die Hefeflocken unterrühren, mit Salz und Pfeffer abschmecken und zugedeckt warm halten.

Pilze putzen und gegebenenfalls halbieren oder in dicke Scheiben schneiden. Restliches Öl in einer Pfanne erhitzen und die Pilze darin anbraten, bis sie rundherum gebräunt sind. Mit Salz und Pfeffer würzen.

Die Knödel aus dem Sud heben und kurz abtropfen lassen. Einen Rahmsaucenspiegel auf zwei Tellern anrichten. Die Knödel mittig daraufsetzen und die Pilze rundherum verteilen.

> **TIPP**
>
> Sonnenblumenmus könnt ihr auch sehr gut selbst herstellen. Den Backofen auf 160 °C (Umluft) vorheizen. 250 Gramm Sonnenblumenkerne auf einem Blech auf der mittleren Schiene des Ofens 20 Minuten rösten, bis sie ganz leicht gebräunt sind, dabei zweimal wenden. Anschließend mit 1 Teelöffel Sonnenblumenöl und 1 Prise Salz in der Küchenmaschine fein hacken. Mehrere Minuten fortfahren, bis ein cremiges Mus entstanden ist. In ein Twist-off-Glas füllen und kühl stellen.

100 g Capellini oder Spaghettini

Salz

1 rote Zwiebel

1 rote Paprikaschote

4 Frühlingszwiebeln

1 rote Chilischote

1 Bund Koriandergrün

1 Bund Thaibasilikum

100–150 g gegarte Fleischreste
vom Vortag, z. B. Hähnchen,
Braten, Hackfleisch

1 dicke Scheibe Ingwer

1 Knoblauchzehe

3 EL Zitronensaft

2 EL Öl

1 EL geröstetes Sesamöl

2 TL Zucker

Salz, z. B. Gremolata-Salz
(siehe S. 136)

Ich glühe ja für herzhafte Salate mit reichlich Gewürzen und exotischen Aromen. Da trifft es sich gut, dass diese auch eine exzellente Resteverwertung für Fleischreste vom Vortag sind.

THAI-NUDELSALAT

20 MIN.   2   FLEISCH

Die Nudeln in kochendem Salzwasser bissfest garen, abgießen, kalt abschrecken und abtropfen lassen. Die Zwiebel abziehen, die Paprikaschote halbieren und entkernen, beides in Streifen schneiden. Frühlingszwiebeln und Chilischote mitsamt den Kernen in Ringe schneiden. Koriander- und Basilikumblätter von den Stängeln bzw. Stielen zupfen, Letztere fein hacken. Die Basilikumblätter in Streifen schneiden. Das Fleisch gegebenenfalls in mundgerechte Stücke zupfen. Alles in eine Schüssel geben.

Für das Dressing Ingwer schälen, Knoblauch abziehen und beides fein hacken. Mit Zitronensaft, beiden Ölsorten und Zucker verrühren und mit Salz abschmecken. Das Dressing mit den vorbereiteten Salatzutaten in der Schüssel mischen. Anrichten und servieren.

MEXICAN CHILI SALAD

8 STD.   1 STD.   10 MIN.   2   FLEISCH

100 g getrocknete Kidneybohnen

4 Tomaten

1 grüne Chilischote

1 rote Zwiebel

1 orangefarbene Paprikaschote

1 Bund Koriandergrün

5 EL Zitronensaft

3 EL Öl

1 TL Zucker

1 ½ TL edelsüßes Paprikapulver

1 ½ TL gemahlener Kreuzkümmel

Salz, Pfeffer

100-150 g gegarte Fleischreste
vom Vortag, z. B. Hähnchen,
Braten, Hackfleisch

Die Bohnen 8 Stunden in ausreichend Wasser einweichen. Das Wasser abgießen, die Bohnen in einem Topf erneut mit Wasser bedecken, aufkochen und zugedeckt bei schwacher Hitze ca. 1 Stunde gar köcheln lassen. Abgießen, kalt abschrecken und abtropfen lassen.

Die Tomaten in Spalten schneiden, dabei die Stielansätze entfernen. Chilischote mitsamt den Kernen in Ringe schneiden. Zwiebel abziehen, Paprikaschote halbieren und entkernen. Beides in Streifen schneiden. Die Korianderblätter von den Stängeln zupfen, letztere fein hacken.

Für das Dressing 4 Esslöffel Zitronensaft, Öl, Zucker und zwei Drittel der Gewürze verrühren. Salzen und pfeffern. Das Fleisch gegebenenfalls in mundgerechte Stücke zupfen und mit restlichem Zitronensaft sowie restlichen Gewürzen verrühren. Mit Salz und Pfeffer abschmecken. Alle Zutaten zu einem Salat mischen und servieren.

25 MIN. 1 STD. 15 MIN. 40 MIN.

4   VEGETARISCH

½ Würfel Frischhefe

150 ml Pflanzendrink, z. B. Buchweizendrink (siehe S. 145)

90 g Margarine (vegan)

300 g Weizenmehl Type 405

Salz

750 g Zwiebeln

200 g Schmand

2 Eier (Größe M)

½ TL Kümmelsamen

Pfeffer

Mehl für die Arbeitsfläche

200 g Räuchertofu

1 EL Öl

2 EL Sojasauce

300–400 g gegartes Gemüse vom Vortag (siehe Tipp)

ZWIEBELKUCHEN MIT GEMÜSE

Seit ich entdeckt habe, dass sich nahezu jeder Gemüserest vom Vortag sehr gut mit leckerem Zwiebelkuchen kombinieren lässt, schmeiße ich immer öfter den Ofen an.

Für den Teig Hefe und lauwarmen Pflanzendrink glatt rühren. Die Margarine schmelzen. Mehl und ½ Teelöffel Salz in einer Schüssel mischen. Mit der Hefemischung verrühren, 60 Gramm Margarine hinzufügen und zu einem glatten Teig verkneten. An einem warmen Ort 1 Stunde gehen lassen.

Zwiebeln abziehen, klein schneiden und in der restlichen Margarine glasig dünsten. In einer Schüssel mit Schmand, Eiern und Kümmel mischen. Mit Salz und Pfeffer würzen. Den Teig in 2 Portionen teilen, auf der bemehlten Arbeitsfläche jeweils auf etwa 30 × 40 Zentimeter ausrollen und in 4 Streifen schneiden. Auf ein Blech legen und 15 Minuten gehen lassen. In der Zwischenzeit den Backofen auf 180 °C (Umluft) vorheizen.

Räuchertofu klein würfeln und in dem Öl rundherum braun braten. Mit Sojasauce ablöschen und diese verkochen lassen. Den Tofu vom Herd nehmen. Den Teig mit der Zwiebelmasse bestreichen und mit etwas Räuchertofu bestreuen. Mit dem Gemüse belegen, den restlichen Tofu darüberstreuen. Zunächst 1 Portion auf der mittleren Schiene des vorgeheizten Ofens in 20 Minuten knusprig braun backen. Dann servieren und währenddessen die zweite Portion backen.

TIPP

Fast jedes – nicht zu »sauciges« – Gemüse harmoniert sehr gut mit Zwiebelkuchen. Dazu zählen wie im Bild zu sehen Rosenkohl, Stangenbohnen, Süßkartoffeln und mediterranes Ofengemüse. Aber auch Brokkoli, Lauch, Zucchini, Hokkaidokürbis, Möhren, Erbsen, Zuckerschoten und sogar Spargel betten sich gerne auf dem würzigen Zwiebelschmand. Doch natürlich schmeckt der Zwiebelkuchen auch pur – ohne Gemüseverstärkung – sehr gut.

Gemüse in unzähligen Variationen ist jeden Tag rund ums Jahr unser treuer Begleiter in der Küche. Dummerweise bleibt deswegen auch ständig etwas übrig. Ein paar Böhnchen hier, ein bisschen Sauerkraut dort: Irgendwas landet immer über Nacht im Kühlschrank. Daher habe ich für euch hier ein paar clevere Ideen zusammengetragen, wie ihr das Gemüse vom Vortag lecker weiterverwenden könnt – denn die traurigen Reste einfach aufzuwärmen, finde ich manchmal etwas zu öde.

....

BESTE RESTE

Gedämpftes Gemüse lässt sich am nächsten Tag kinderleicht weiterverwenden, denn wenn es kurz in der Pfanne angebraten wird, sind die Lebensgeister wieder geweckt und es schmeckt ganz anders als am Vortag. Dann am besten mit Kartoffeln, Reis oder Pasta kombinieren oder als Salattopping genießen. Auf Zwiebelkuchen (siehe S. 107) schmecken alle trocken zubereiteten Gemüsesorten einfach köstlich, und das nicht nur im Herbst. Das Gleiche gilt für Pizza oder Flammkuchen (siehe S. 78). »Sauciges« Gemüse kann am nächsten Tag perfekt mit Brühe zu einer Suppe verlängert oder zu einer Pastasauce umgemodelt werden. Meine Favoriten sind aber ...

Gemüsereste

GRILLGEMÜSE-HUMMUS

Jegliches Grillgemüse lässt sich mit Kichererbsen und Tahin (Sesammus) zu einem leckeren Hummus verarbeiten. Dafür 100 bis 200 Gramm Ofengemüse mit 250 Gramm gegarten Kichererbsen, 75 Gramm Tahin, 60 Milliliter Zitronensaft und 1 bis 2 abgezogenen Knoblauchzehen fein pürieren. Mit Salz, gemahlenem Kreuzkümmel und Cayennepfeffer abschmecken.

DEKONSTRUIERTE GEMÜSELASAGNE

Für 4 Personen 2 Zwiebeln und 3 Knoblauchzehen abziehen und fein würfeln. 1 Kilogramm reife Tomaten grob würfeln, dabei die Stielansätze entfernen. 5 Esslöffel Öl in einer Pfanne erhitzen und die Zwiebeln sowie 1 Teelöffel Thymianblättchen darin glasig dünsten. Knoblauch kurz mitdünsten. Die Tomaten dazugeben, mit Salz, Pfeffer und 1 Teelöffel Zucker würzen. Die Sauce bei schwacher Hitze ca. 30 Minuten kochen lassen, anschließend pürieren und mit Salz sowie Pfeffer abschmecken. 100 Gramm gegarte Du-Puy-Linsen und ca. 250 Gramm klein geschnittenes gedämpftes Gemüse oder Ofengemüse in die Sauce geben und kurz darin ziehen lassen. 8 Lasagnenudeln in der Mitte durchbrechen und in kochendem Salzwasser bissfest garen. Herausnehmen und abtropfen lassen. Je 1 Nudel auf vier Teller legen, etwas Sauce daraufgeben und die zweite Schicht Nudeln darauflegen. Auf diese Weise weiter stapeln und mit Sauce abschließen. 50 Gramm Hartkäse mit den Händen fein zerbröckeln und darüberstreuen. Servieren.

150-250 g gefrorene überreife Beeren, z. B. Johannisbeeren, Himbeeren, Erdbeeren, Blaubeeren, Stachelbeeren

400-500 g frische Beeren; insgesamt sollte die Beerenmenge ca. 550 g betragen

400 g Joghurt (nach Belieben auch halb pflanzlich, siehe S. 144, oder vegan)

4 EL Haferflocken

2 TL Zitronensaft

ca. 2 EL flüssiger Honig

2 EL Sonnenblumenkerne

2 TL Leinsamen

10 Minzeblätter

1 EL essbare Blüten, z. B. Lavendel oder Steppensalbei

Leicht überreife Beeren friere ich gerne ein. Daraus mache ich mir später eine bildhübsche Smoothie-Bowl oder trendige Overnight Oats und fühle mich kurz wie ein Instagram-Star.

SMOOTHIE-BOWL

10 MIN.   2   VEGET./VEGAN

Die Beeren antauen lassen. Anschließend mit den frischen Beeren auf 400 Gramm auffüllen und mit Joghurt, Haferflocken sowie Zitronensaft fein pürieren. Mit Honig abschmecken und auf zwei Schüsseln verteilen.

Die Bowls mit Sonnenblumenkernen und Leinsamen garnieren. Die restlichen frischen Beeren darauf anrichten. Mit Minzeblättern und essbaren Blüten garnieren und servieren.

---

125 g Müsli, z. B. Nussmüsli

200 g Joghurt (nach Belieben auch halb pflanzlich, siehe S. 144, oder vegan)

200 ml Orangensaft

4 TL (2 + 2) Honig

100 g gefrorene überreife Beeren, z. B. Johannisbeeren, Himbeeren, Erdbeeren, Blaubeeren, Stachelbeeren

2 EL Walnusskerne

2 TL Hanfsamen

OVERNIGHT OATS

10 MIN.   8-12 STD.   2   VEGETARISCH

Am Vortag das Müsli mit Joghurt, Orangensaft und 2 Teelöffeln Honig verrühren und in zwei Twist-off- oder Bügelgläser (à ca. 400 Milliliter) füllen. Diese verschließen und über Nacht kühl stellen.

Am nächsten Morgen die Oats mit den Beeren toppen. Nüsse grob zerbröckeln und mit den Hanfsamen darauf verteilen. Mit dem restlichen Honig beträufeln. Beeren anschmelzen lassen und die Overnight Oats sofort oder unterwegs genießen.

Im Sommer herrscht phasenweise regelrechter Überfluss an Obst, oder man lässt sich von den prallen Früchten dazu verführen, zu viel zu kaufen. Wenn dann leicht überreife Früchte auf dem Teller liegen, schneide ich sie gerne in mundgerechte Stücke und friere sie ein, bis ich eine ausreichende Menge habe, die zu neuen Köstlichkeiten verarbeitet werden kann.

GRANITA

15 MIN.   6 STD.   4   VEGAN

100 Milliliter Wasser, 80 Gramm **Zucker** und 2 Esslöffel **Zitronensaft** unter Rühren erwärmen, bis sich der Zucker aufgelöst hat. Etwas abkühlen lassen. 300 Gramm **tiefgefrorenes leicht überreifes Obst (z.B. Pfirsiche und Nektarinen)** antauen lassen und fein pürieren. Den Zuckersirup dazugeben und noch einmal kräftig durchmixen. Alles in eine Form füllen und im Tiefkühlfach gefrieren lassen, dabei hin und wieder umrühren. Die gefrorene Masse mit einer Gabel auflockern und auf vier Gläser verteilen. Sofort mit Löffeln servieren. Tipp: Wer es nicht so süß mag, kann die Zuckermenge verringern.

BEERENSIRUP

20 MIN.   250 ML   VEGAN

Tiefgefrorene leicht überreife Beeren (z.B. Himbeeren und Erdbeeren) abwiegen und mit einem Fünftel des Gewichts an Wasser zum Kochen bringen. Zugedeckt 5 Minuten kochen lassen, dann pürieren. Das Püree durch ein feines Sieb passieren, für einen klaren Sirup gegebenenfalls noch einmal durch ein Passiertuch passieren. Die Menge erneut abmessen und mit der halben Menge **Zucker** und pro 100 Milliliter 1 Esslöffel **Zitronensaft** aufkochen und kurz köcheln lassen. In eine saubere Flasche füllen und verschließen. Der Sirup schmeckt zu Desserts, zum Müsli und als Getränkesirup für Cocktails und Limonaden.

CHUTNEY

25 MIN.   250 ML   VEGAN

250 Gramm **gefrorenes überreifes Obst** auftauen. 1 **Schalotte** abziehen und fein würfeln. 1 **rote Chilischote** in Ringe schneiden. 1 Scheibe **Ingwer** schälen und fein würfeln. 1 **Wacholderbeere** zerdrücken. Früchte (außer Beeren), vorbereitete Zutaten, 3 **Gewürznelken**, 1 Teelöffel **helle Senfkörner**, 1 Teelöffel geschrotete **schwarze Pfefferkörner** und 1 Prise **Zimtpulver** mit 50 Gramm **Zucker** und 50 Milliliter **Rotweinessig** in einem Topf aufkochen. Leicht **salzen** und bei mittlerer Hitze offen ca. 8 Minuten einkochen lassen (Beeren erst gegen Ende dazugeben). Mit **Salz** abschmecken. In ein Twist-off-Glas füllen, verschließen und abkühlen lassen.

FRUCHTSENF

25 MIN.   2 x 200 ML   1 WOCHE   VEGAN

150 Gramm **gefrorenes überreifes Obst** auftauen. Mit 150 Milliliter **Apfelessig**, 50 Gramm **Zucker** und 1 Teelöffel **Salz** zum Kochen bringen. Anschließend bei schwacher Hitze 3 Minuten ziehen lassen. Vom Herd nehmen und etwas abkühlen lassen. Sobald die Mischung handwarm ist, 60 Gramm **gelbes Senfmehl** und 2 Esslöffel **gelbe Senfkörner** unterrühren und die Mischung erneut 10 Minuten ziehen lassen. 3 Blätter **Minze** dazugeben, danach mit dem Stabmixer kräftig pürieren. 4 weitere Blätter in feine Streifen schneiden und unterrühren. Den Senf mit Salz abschmecken, in zwei Twist-off-Gläser füllen und verschließen. Mindestens 1 Woche reifen lassen.

Besonders im Sommer, wenn Beeren und Aprikosen locken, und im Frühherbst zur Pflaumen-, Apfel- und Birnenernte ist es einfach zu verführerisch, sich großzügig an den Obstauslagen zu bedienen. Wer die Freude hat, selbst zu ernten, hat den Überfluss ganz automatisch. Dann verdirbt das Obst manchmal schneller, als man es verwerten kann. Ist es nur leicht schrumpelig und etwas »drüber«, lässt es sich jedoch noch super weiterverwenden. Dafür habe ich hier ein paar schlaue Tipps zusammengestellt.

BESTE RESTE

Ich versuche es tunlichst zu vermeiden, Obst wegzuwerfen. Dazu sind mir die leckeren Vitaminbomben echt zu schade. Neben der richtigen Lagerung (siehe S. 168–171) hilft mir dabei vor allem dieser Trick: Alles Obst, das in Richtung überreif geht und nicht sofort von mir verschlungen werden kann, wird geputzt, gegebenenfalls klein geschnitten und entweder im Dörrgerät getrocknet oder eingefroren. Trockenfrüchte nutze ich für Müslis, aber auch herzhafte Gerichte. Die Tiefkühlfrüchte kann ich später für Fruchtsaucen, Smoothies, Müsli oder Gebäck (siehe S. 117) verwenden oder sogar zu Senf (siehe S. 113) verarbeiten. Die folgenden Reste-Feste mag ich besonders gerne.

Obstreste

BEERENGRÜTZE

Für 2 Personen 50 Milliliter trockenen Rotwein (alternativ roten Traubensaft) mit 30 Gramm Zucker, 2 Teelöffeln Speisestärke und 1 Esslöffel Zitronensaft in einem Topf verrühren. Unter Rühren erhitzen und kurz köcheln lassen, bis die Mischung andickt. 200 Gramm gefrorene Beeren dazugeben und darin erhitzen. Die Grütze vom Herd nehmen und abkühlen lassen. Mit Vanilleeis bzw. -pudding oder zu Muffins (siehe S. 117) servieren.

FRUCHTSORBET MIT MELISSE

Für 2 Personen 250 Gramm tiefgekühlte Früchte, z. B. Beeren, Aprikosen und/oder Pfirsiche, ganz leicht antauen lassen. Anschließend mit 50 bis 70 Gramm Zucker, 1 Handvoll Melisseblätter und 1 Esslöffel Zitronensaft zu einem feinen Sorbet pürieren. Das Sorbet noch einmal kurz kühl stellen und dann servieren.

AROMATISIERTER WEINESSIG

Dafür 50 bis 100 Gramm Fruchtreste (frisch oder TK; am besten sortenrein) in 750 Milliliter Weißweinessig einlegen und 1 Woche ziehen lassen. Eventuell noch Kräuter wie Minze, Basilikum oder Rosmarin ergänzen. Nach 1 Woche filtern und den Essig für sommerliche Salate benutzen.

15 MIN.   25 MIN.   10 MIN.

4   VEGET./VEGAN

500 g gefrorenes leicht
überreifes Obst, z. B.
Pflaumen, Nektarinen,
Birnen, jeweils gewürfelt,
oder ganze Beeren

150 g Zucker

2 TL Speisestärke

70 g Butter oder vegane
Margarine

70 ml Öl

220 g Weizenmehl Type 405

1 TL Zimtpulver

Salz

Die Pflaumen sehen traurig aus, die Blaubeeren schrumpeln schon?
Dann schnell etwas Leckeres daraus backen, z. B. verführerischen
Knusper-Crumble oder prächtige Muffins.

ALL-IN-CRUMBLE

Das gefrorene Obst in einer Auflaufform verteilen. Mit
2 Esslöffeln Zucker und der Speisestärke bestreuen, gut
mischen und leicht antauen lassen. Den Backofen auf 200 °C
vorheizen.

Für die Streusel die Butter bzw. Margarine und das Öl in einem
Topf schmelzen. Mehl, restlichen Zucker, Zimt und 2 Prisen
Salz mischen und dazugeben. Den Topf vom Herd nehmen,
die Mischung mit einem Holzlöffel zu einem bröseligen Teig
rühren und stoßen. Mit den Händen noch etwas nachformen.

Die Streusel auf dem Obst verteilen und den Crumble auf
der mittleren Schiene des vorgeheizten Backofens 20 bis
25 Minuten goldbraun backen. Herausnehmen, etwas abkühlen
lassen und servieren.

15 MIN.   1 STD.   20 MIN.

15 MIN.   12 STÜCK   VEGAN

Fett und Mehl für die Form

30 g blütenzarte Haferflocken

250 g Dinkelmehl Type 630

2 TL Weinsteinbackpulver

1 TL Natron

150 g Zucker

½ TL Zimtpulver

75 ml Öl

80 g Apfelmus

200 g leicht überreifes Obst,
z. B. Pflaumen, Äpfel

4 EL Kürbiskerne

FRÜCHTEMUFFINS

Eine Muffinform einfetten und mit Mehl bestäuben. Für den Teig die Haferflocken in 250 Milliliter Wasser 1 Stunde einweichen und anschließend mit dem Wasser fein pürieren. Den Backofen auf 200 °C vorheizen. Mehl, Backpulver, Natron, 125 Gramm Zucker und Zimtpulver in einer Schüssel mischen. Hafermischung, Öl sowie Apfelmus unterheben und alles rasch zu einem Teig rühren.

Obst bei Bedarf in Würfel schneiden und diese mit 2 Esslöffeln Kürbiskernen unter den Teig heben. Den Teig in die Mulden der Muffinform füllen. Mit dem restlichen Zucker bestreuen und die restlichen Kürbiskerne darauf verteilen. Auf der mittleren Schiene des vorgeheizten Backofens 20 Minuten goldbraun backen.

Die Form aus dem Ofen nehmen, die Muffins kurz ruhen lassen. Dann vorsichtig herauslösen und auf einem Kuchenrost mindestens lauwarm abkühlen lassen.

WAS SONST NOCH VOM TAGE ÜBRIG BLIEB

Zu den häufigsten Resten vom Vortag findet ihr in diesem Kapitel allerlei Rezepte. Doch das ist längst nicht alles. Weitere coole Ideen für gängige Überbleibsel habe ich für euch auf dieser Doppelseite zusammengestellt.

....

POLENTA

Der leckere Maisbrei aus Italien ist sehr sättigend. Daher bleibt öfter mal ein Rest stehen. Es wäre aber eine Sünde, ihn wegzuwerfen, denn am nächsten Tag lässt sich daraus noch eine tolle Mahlzeit zaubern. Ist die Polenta noch formbar, könnt ihr daraus mit den Händen kleine Bällchen rollen und diese in Öl goldbraun ausbacken. Diese Knusperbällchen landen liebend gerne als Topping auf Salaten und Suppen. Die Polenta ist schon etwas fester geworden? Dann schneidet sie in Rauten oder Dreiecke und bratet diese in der Pfanne knusprig braun. Dazu passt beispielsweise Tomatensauce oder Gemüse wie Brokkoli oder Spinat. Auch aus dem Ofen, als Basis für Gratins oder als Boden einer Polentapizza schmeckt der Rest vom Vortag genial.

....

KNÖDEL

Semmelknödel sind bereits eine vorzügliche Resteverwertung für altes Brot. Bleibt von ihnen auch etwas übrig, können sie – in dünne Scheiben geschnitten – als Carpaccio mit Zwiebeldressing, Radieschenscheiben, Schnittlauchröllchen und etwas fein geriebenem Hartkäse ein zweites Comeback erleben. In Scheiben geschnitten und goldbraun gebraten geben sie zudem ein fantastisches Salattopping ab, etwa für Feldsalat. Gleiches gilt für Kartoffelknödel. Diese schmecken in Scheiben geschnitten und gebraten besonders gut, wenn dazu noch Speck und Zwiebeln in die Pfanne kommen. Grundsätzlich können Knödel aber auch hervorragend erneut 10 Minuten in siedendem, leicht gesalzenem Wasser ziehen und mit einer anderen Beilage als zuvor serviert werden.

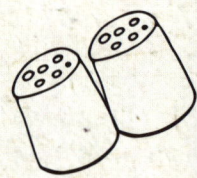

....

Sonstige Reste

EIGELBE ODER EIWEISS

Bei Desserts oder beim Backen werden Eigelbe und Eiweiß häufig in unterschiedlichen Mengen gebraucht oder gar nur eins von beidem. Für diese wertvollen Reste gibt es zum Glück allerlei sinnvolle Verwendungen. Eigelbe können zu Mayonnaise, klassischem Caesar-Salad-Dressing oder über dem Wasserbad zu luftiger Sabayon oder Sauce hollandaise geschlagen werden. Cremige Pastasaucen werden damit besonders samtig. Dafür das Eigelb unter die nicht mehr kochende Sauce rühren. Auch in Teige kann es ohne Weiteres mit eingebacken werden. Eiweiß stabilisiert die Masse von Bratlingen (siehe S. 84/85), passt zu gebratenem Reis und Nudeln mit Asia-Touch und kann mit Zucker zu luftig-leichtem Baiser aufgeschlagen werden. Auch für Pfannkuchenteig ist es eine perfekte Ergänzung.

SAHNE, CRÈME FRAÎCHE & CO.

Angebrochene Töpfchen dieser Milchprodukte haben nur eine geringe Haltbarkeit und sollten rasch verbraucht werden. Ein Glück, dass es schier unendliche Verwendungsmöglichkeiten gibt: Magere Milchprodukte wie Quark oder Skyr lassen sich mit ihnen gerne cremig rühren, etwa für Müsli, Desserts oder Dips. Sahne verfeinert ebenso wie Schmand und Crème fraîche Suppen und Eintöpfe sowie Saucen und Dressings, aber auch Desserts. Saure Sahne, Schmand und Crème fraîche schmecken mit Kräutern verrührt und herzhaft gewürzt hervorragend als Dip – etwa zu Ofenkartoffeln – oder als Brotaufstrich.

PLÄTZCHEN & KUCHEN

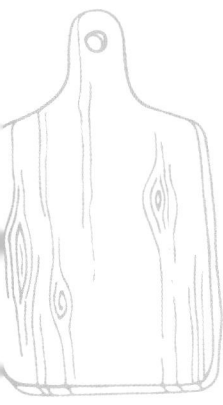

Auch bei nicht mehr knusprigen Plätzchen und trockenem Kuchen ist noch nicht Hopfen und Malz verloren. Fein zerbröselt, sind Plätzchen jeder Art ein leckeres Topping für allerlei Desserts. Einen hervorragenden Boden geben sie dagegen für Kuchen ohne Backen ab. Dafür etwa 200 Gramm Plätzchen, aber auch Cantuccini oder Cornflakes sammeln und fein zermahlen. 80 Gramm Margarine oder Butter schmelzen und mit den Plätzchen mischen. Alles gleichmäßig in einer Springform (26 cm Ø) verteilen, kräftig andrücken und 45 Minuten zugedeckt kühl stellen. Dann beliebig toppen. Trendige Cake Pops sind die perfekte Resteverwertung für trockenen Kuchen (z. B. Marmorkuchen). Dafür den Kuchen abwiegen, fein zerbröseln und mit je einem Zehntel der Kuchenmenge Frischkäse, weicher Butter oder Margarine und Puderzucker vermengen. Aus der Masse walnussgroße Kugeln formen und diese 15 Minuten im Tiefkühlfach anfrieren lassen. Anschließend auf Lollistiele aus Holz stecken und fertigstellen, z. B. mit Schokolade oder Zuckerguss überziehen und beliebig verzieren.

KAPITEL 4

EAT ME, I'M TASTY!

Schon mal Blumenkohlblätter probiert?
Oder Kohlrabistiele? Vielleicht Möhrengrün?
Vermutlich nicht ... oder?

Die Gemüsewelt ist voller verkannter Genies, die bisher achtlos weggeworfen wurden. Und dabei kommen beachtliche Mengen unnötiger Abfall zusammen: Beim Blumenkohl und Brokkoli machen Strunk und Blätter beispielsweise mehr als die Hälfte des Gewichts aus. Dabei schmecken sie – etwa als Cremesuppe oder Carpaccio – genauso lecker wie die feinen Röschen. Auch Fenchelstiele sowie Sellerie- und Radieschenblätter fristen zu Unrecht ein Schattendasein in unserer Küche. Das möchte ich ändern.

Diesen Mauerblümchen verhelfe ich in diesem Kapitel endlich zu ihrem großen Durchbruch. In mehr als 20 Rezepten können die bisher verschmähten Pflanzenteile zeigen, was in ihnen steckt, und auf diese Weise ganz nebenbei helfen, den Biomüll zu reduzieren.

Auch für weitere – oft ungenutzte – Pflanzenteile wie Gemüseschalen, Zitronenschale oder Hokkaidokürbiskerne habe ich leckere Ideen parat. Und selbst in Fischkarkassen steckt noch so viel Geschmack, dass daraus eine extrafeine Fischsuppe ohne Fisch wird. Ganz nach dem Motto: »Eat me, I'm tasty!«

Wer kam eigentlich auf die Idee, bei Brokkoli und Blumenkohl nur die Röschen zu essen? Auch im Strunk und in den Blättern steckt nämlich ganz viel Geschmack. Probiert es mal aus!

BROKKOLI-WALDORF-CROSTINI

15 MIN.   2   VEGETARISCH

1 **Brokkolistrunk** raspeln. Mit 50 Gramm **Schmand**, 2 Esslöffeln **Öl**, 2 Esslöffeln **Zitronensaft** und 1 Teelöffel **Honig** verrühren, mit **Salz** und **Pfeffer** würzen. 2 Esslöffel **Kürbiskerne** in einer Pfanne ohne Fett anrösten, bis es knackt. Herausnehmen. 1 Esslöffel **Walnusskerne** grob zerbröckeln. 1 **Apfel** halbieren, das Kerngehäuse entfernen. Die Hälften würfeln und mit Kürbis- sowie Walnusskernen unter den Salat heben. 8 Scheiben **Baguette** oder **Ciabatta** in der Pfanne in etwas Öl auf beiden Seiten goldbraun rösten. Mit je 1 kleinem **Salatblatt** belegen und den Brokkoli-Waldorf-Salatmix darauf verteilen. Sofort servieren.

BLUMENKOHL-CARPACCIO

20 MIN.   2   VEGETARISCH

1 **Blumenkohlstrunk** in 6 bis 8 Minuten bissfest dämpfen. In ein Sieb abgießen, kalt abschrecken und abtropfen lassen. Für das Dressing 2 Esslöffel **Zitronensaft**, 2 Esslöffel **Öl** und 1 Teelöffel **Honig** verrühren. 1 **Knoblauchzehe** abziehen und dazupressen. Mit **Salz** und **Pfeffer** würzen. Den Blumenkohlstrunk in dünne Scheiben schneiden und auf zwei Tellern auslegen. Mit dem Dressing beträufeln. 2 Esslöffel **Kürbiskerne** in einer Pfanne ohne Fett anrösten, bis es knackt. Herausnehmen. 4 dünne Scheiben **Baguette** in der Pfanne in etwas Öl auf beiden Seiten goldbraun rösten. Das Carpaccio mit 2 Esslöffeln **Kürbiskernöl** beträufeln. 8 **Kapuzinerkresseblätter** und 4 **-blüten** sowie die Brotscheiben darauf anrichten. Mit den Kürbiskernen bestreuen.

BLUMENKOHLSUPPE

30 MIN.   2   VEGAN

Von 1 großen **Blumenkohl** die Blätter von den
Blattrippen schneiden, Blattrippen, Strunk
und die Hälfte der Blätter klein schneiden.
Insgesamt werden etwa 500 Gramm benötigt.
2 **Zwiebeln** abziehen und klein schneiden.
Strunk, Blattrippen und Zwiebeln in
2 Esslöffeln **Öl** 5 bis 7 Minuten andünsten.
700 Milliliter **Gemüsebrühe** angießen und
alles zugedeckt bei mittlerer Hitze 10 Minuten
köcheln lassen. Klein geschnittene Blätter
nach 5 Minuten dazugeben. Von ½ **Zitrone**
die Schale abreiben, den Saft auspressen. Die
Suppe pürieren, 100 Gramm **Sahne**, ½ Esslöffel
Apfelessig, Zitronenschale, 2 Teelöffel
Zitronensaft, 1 Prise **Zucker** und **Muskatnuss**
hinzufügen und erneut durchmixen. Mit
Salz, Pfeffer und Zitronensaft abschmecken.
Als Topping mag ich Croûtons, frittierte
Blumenkohlblätter und Beerenpfeffer.

BROKKOLINUDELN MIT PILZEN

20 MIN.   2   VEGETARISCH

2 **Brokkolistrünke** mit dem Spiralschneider
in »Spaghetti« schneiden. Salzwasser in einem
Topf erhitzen, die Brokkoli»spaghetti« darin
3 Minuten blanchieren, in ein Sieb abgießen,
kalt abschrecken und abtropfen lassen. In
einer Schüssel 2 Esslöffel **Rotweinessig**,
2 Esslöffel **Öl** und 1 Teelöffel **Honig** verrühren. Mit **Salz** und **Pfeffer** würzen und
die Brokkoli»spaghetti« darin marinieren.
2 Esslöffel **Kürbiskerne** in einer Pfanne ohne
Fett anrösten, bis es knackt. Herausnehmen.
1 Esslöffel Öl in der Pfanne erhitzen.
300 Gramm kleine **Kräuterseitlinge** darin
rundherum anbraten, bis sie leicht gebräunt
sind. Mit Salz und Pfeffer würzen. 1 Handvoll
Basilikumblätter und die Kürbiskerne unter
den Brokkoli mischen, die »Spaghetti« auf
Teller verteilen und die Pilze darauf anrichten.

Fenchel- und Kohlrabistiele sind zwar nicht ganz so zart wie die Knollen, schmecken aber richtig zubereitet ganz hervorragend und sind damit viel zu schade zum Wegwerfen.

1 EL Weißweinessig

100 ml Öl

1 TL Zucker

Salz

3 Knoblauchzehen

400 g bunte Kirschtomaten

Stiele von 2 Fenchelknollen

½ TL Fenchelsamen

5 schwarze Pfefferkörner

HALB GETROCKNETE TOMATEN MIT FENCHELSTIELEN

15 MIN.   8-10 STD.   300 ML   VEGAN

Dörrgerät anschalten oder Backofen auf 50 °C vorheizen. Für die Marinade Essig, 1 Esslöffel Öl, Zucker und ½ Teelöffel Salz verrühren. 1 Knoblauchzehe abziehen und dazupressen. Die Tomaten halbieren und die Schnittflächen mit der Marinade bestreichen. Im Dörrgerät oder auf dem Blech im vorgeheizten Backofen 8 bis 10 Stunden trocknen, dabei noch ein- bis zweimal mit der Marinade bestreichen.

Die Fenchelstiele je nach Größe eventuell längs halbieren, etwas Fenchelgrün beiseitestellen. In einem Topf mit Dämpfeinsatz über kochendem Wasser 3 bis 4 Minuten dämpfen, anschließend abgießen, kalt abschrecken und salzen. Tomaten und Fenchelstiele mit etwas Fenchelgrün in ein Twist-off-Glas schichten.

Restlichen Knoblauch abziehen. Mit restlichem Öl, Fenchelsamen und Pfeffer auf ca. 80 °C erhitzen und einige Minuten ziehen lassen. Die Mischung in das Glas gießen, sodass Fenchel und Tomaten komplett bedeckt sind. Verschließen.

KOHLRABISTIELE MIT SPECKSAUCE

20 MIN.   2   FLEISCH

Stiele und Blätter von

2 Kohlrabiknollen

1 Zwiebel

2 EL Öl

50 g Speckwürfel

1 Prise Kümmelsamen

125 ml Gemüsebrühe

1 TL Speisestärke

50 ml Apfelsaft

1 TL Haselnussmus

Salz, Pfeffer

2 EL gehackte Haselnusskerne

1 EL Zitronensaft

Die Kohlrabiblätter von den Stielen lösen und in Streifen schneiden. Die Stiele in mundgerechte Stücke schneiden und in einem Topf mit Dämpfeinsatz über kochendem Wasser 5 Minuten bissfest dämpfen. Die Blätter 2 Minuten mitdämpfen. Dann in ein Sieb abgießen, kalt abschrecken und abtropfen lassen.

Für die Sauce die Zwiebel abziehen und fein würfeln. 1 Esslöffel Öl in einem Topf erhitzen und die Hälfte des Specks darin anbraten. Zwiebel und Kümmel hinzufügen und andünsten. Die Brühe angießen und etwas einkochen lassen. Die Stärke mit dem Apfelsaft verrühren, mit dem Haselnussmus hinzufügen und die Sauce noch einmal leicht dicklich einkochen lassen. Mit Salz und Pfeffer abschmecken und warm halten.

Das restliche Öl in einer Pfanne erhitzen. Die Haselnüsse und den übrigen Speck darin anbraten. Die Kohlrabistiele und -blätter darin schwenken. Zitronensaft dazugeben und mit Salz und Pfeffer würzen. Mit der Sauce servieren. Dazu passen Runzelkartoffeln (siehe S. 130).

600 g gemischte Schalen und Reste von typischem Suppengemüse und Kräutern (siehe Tipp)

1 Tomate

1 Zwiebel

3 EL Öl

1 TL gemischte Gewürze, z. B. Pfeffer, Wacholderbeeren, Nelken, Piment

1 Lorbeerblatt

Salz

125 ml trockener Weißwein, z. B. Müller-Thurgau

1 Bund Petersilie

5 Zweige Thymian

2 Streifen Zitronenschale

GEMÜSEBRÜHE

15 MIN.   45 MIN.   20 MIN.   6 × 300 ML   VEGAN

In der Küche fallen immer wieder mal Reste von typischem Suppengemüse an. Diese lassen sich noch wunderbar zu aromatischem Fond und würziger gekörnter Brühe verarbeiten.

Schalen und Reste von Suppengemüse und Kräutern einfrieren, bis die ausreichende Menge erreicht ist. Dann antauen lassen.

Die Tomate vierteln, dabei den Stielansatz entfernen. Die Zwiebel waschen und halbieren. Die Zwiebelhälften im Topf ohne Fett auf den Schnittflächen dunkel anrösten und herausnehmen. Das Öl erhitzen, das Gemüse und die Gewürze darin andünsten, salzen. Mit dem Wein ablöschen und diesen etwas verkochen lassen.

1½ Liter kaltes Wasser angießen, langsam erhitzen und alles 20 Minuten zugedeckt köcheln lassen. Petersilie und Thymian mit den Zwiebelhälften und der Zitronenschale zum Fond geben und weitere 20 Minuten zugedeckt köcheln lassen. Abkühlen lassen und durch ein Sieb gießen. Mit Salz abschmecken. Erneut erhitzen, heiß in Twist-off-Gläser abfüllen und verschließen. Die Brühe hält sich mindestens 4 Wochen.

300 g gemischte Schalen und Reste von typischem Suppengemüse und Kräutern (siehe Tipp)

2 EL mediterrane Kräuter, z. B. Rosmarin, Thymian, Majoran

1 Schalotte

1 EL Zucker

1 TL Salz

einige Tropfen Öl

10 schwarze Pfefferkörner

½ TL gemahlene Kurkuma

GEKÖRNTE GEMÜSEBRÜHE

10 MIN.   4 STD.   100 ML   VEGAN

Dörrgerät anschalten oder Backofen auf 70 °C vorheizen. Die Gemüsereste gründlich reinigen, vertrocknete und vollkommen verfärbte Teile entfernen. Den Rest im Blitzhacker mit den Kräutern grob hacken. Die Schalotte abziehen und sehr fein würfeln. Alles auf einem Blech ausbreiten und auf der mittleren Schiene des vorgeheizten Ofens oder im Dörrgerät 4 Stunden trocknen lassen, hin und wieder wenden.

Zucker und Salz in einem Topf karamellisieren. Auf eine eingeölte Untertasse geben. Das abgekühlte Karamell grob hacken und mit dem Gemüse, den Pfefferkörnern und der Kurkuma im Blitzhacker fein mahlen. In ein Glas füllen und eventuell einige Reiskörner dazugeben, damit die Brühe körnig bleibt. Die Brühe hält sich mindestens zwei Monate.

TIPP

Für Fond und Brühe eignen sich z. B. Schalen und Enden von Pastinaken, Petersilienwurzeln und Möhren, Lauchspitzen, Knollenselle-
rieschalen samt Stielen und Blättern, Stangenselleriespitzen samt
Blättern sowie Stiele von Petersilie und Liebstöckel. Kohl würde ich
wegen des kräftigen Aromas in diesem Fall nicht empfehlen.

FEINE FISCHSUPPE

Wenn ihr euch hin und wieder einen Fisch oder Garnelen gönnt, lasst euch auf jeden Fall Karkassen, Köpfe und Schalen mitgeben, denn daraus lässt sich eine fantastische Suppe kochen.

Köpfe und Karkassen von 2 fettarmen Meeresfischen mit weißem Fleisch

Schalen von 4 Riesengarnelen

500 g Suppengemüse, z. B. Lauch, Möhre, Sellerie, Fenchel, Blumenkohl

2 Lorbeerblätter

10 schwarze Pfefferkörner

100 ml trockener Weißwein, z. B. Riesling

1 Prise Safranfäden

1 gelbe Paprikaschote

1 Schalotte

1 Knoblauchzehe

30 g Margarine (vegan)

3 EL Weizenmehl Type 405

50 g Sahne

Salz, z. B. Gremolata-Salz (siehe S. 136)

ca. 1 EL Zitronensaft

ca. 2 Prisen Zucker

1 Handvoll Queller

Von den Fischköpfen die Kiemen herauslösen und wegwerfen. Köpfe, Karkassen und Garnelenschalen 20 Minuten in reichlich Wasser einweichen. Inzwischen das Gemüse klein schneiden.

Das Einweichwasser abgießen. Gemüse, Köpfe, Karkassen und Schalen sowie Lorbeerblätter und Pfefferkörner mit 1,2 Liter kaltem Wasser aufsetzen und zugedeckt zum Kochen bringen. Dann die Temperatur reduzieren und den Fond zugedeckt bei schwacher Hitze 1 Stunde ziehen lassen.

Wein und Safran verrühren. Paprikaschote halbieren, entkernen und klein würfeln. Schalotte und Knoblauch abziehen und fein würfeln. Den Fond durch ein Sieb gießen, Gemüse und Karkassen abtropfen lassen. Den Fond warm halten.

Die Margarine in einem Topf erhitzen und Schalotten- sowie Paprikawürfel darin etwa 7 Minuten weich dünsten. Mehl und Knoblauch dazugeben und unter Rühren anschwitzen. Den Safranwein dazugießen und alles kurz andicken lassen. Dann nach und nach den Fischfond dazugeben und jeweils leicht dicklich, später cremig einkochen lassen.

Die Sahne dazugießen. Die Suppe fein pürieren und dabei leicht aufschäumen. Mit Salz, Zitronensaft und etwas Zucker abschmecken und warm halten.

Den Queller in einem Topf mit Dämpfeinsatz über kochendem Wasser 2 Minuten dämpfen. Kalt abschrecken und trocken tupfen. Die Suppe vor dem Servieren noch kurz aufschäumen und auf zwei Teller bzw. vier kleine Suppenschalen verteilen. Den Queller darauf anrichten. Servieren.

TIPP

Fragt beim Fischhändler – z. B. auf dem Wochenmarkt – nach Fischkarkassen und Garnelenschalen. Davon fallen meist mehr an, als tatsächlich für Fonds und Suppen verbraucht werden. Wenn ihr Glück habt, bekommt ihr diese sogar umsonst. So könnt ihr diese edle Suppe mit gutem Gewissen etwas häufiger genießen.

35 MIN.   40 MIN.   2-4   VEGETARISCH

GEBACKENE ROTE BETE MIT ROTE-BETE-MOJO

Auf den Kanaren wird die Mojo verde meist mit Petersilie und Koriander zubereitet. Ich ersetze die Petersilie durch übrig gebliebene Rote-Bete-Blätter und gebe der Sauce so einen roten Touch.

FÜR DAS OFENGEMÜSE

500 g junge Rote Beten mit Grün

1 EL Öl

1 EL Weißweinessig

1 Messerspitze gemahlener Kreuzkümmel

Salz

400 g junge Kartoffeln

FÜR DIE MOJO

1 Bund Koriandergrün

1 Handvoll Rote-Bete-Blätter (siehe oben)

1 grüne Chilischote

1 Knoblauchzehe

50 ml Öl

2 EL Weißweinessig

½–1 TL Honig

1 Messerspitze gemahlener Kreuzkümmel

Salz

Pfeffer

Den Backofen auf 200 °C vorheizen. Für das Ofengemüse von den Roten Beten die Blätter ablösen und für die Mojo beiseitelegen. Die Knollen schälen und in Spalten schneiden. Öl, Essig und Kreuzkümmel mischen, die Rote-Bete-Spalten darin wenden, salzen und auf die eine Hälfte eines Backblechs legen.

Die Kartoffeln gründlich waschen und noch tropfnass mit 1 Teelöffel Salz einreiben. Auf die andere Seite des Blechs legen und alles auf der mittleren Schiene des vorgeheizten Backofens 30 bis 35 Minuten backen, bis die Beten weich und die Kartoffeln runzelig sind.

Inzwischen für die Mojo den Koriander samt Stängeln grob hacken. Von den Rote-Bete-Blättern grobe Stiele entfernen und die vertrockneten Blätter aussortieren. Restliche Blätter grob hacken. Die Chilischote samt Kernen klein schneiden. Knoblauch abziehen und grob würfeln. Koriander, Rote-Bete-Blätter sowie Chili- und Knoblauchwürfel im Blitzhacker oder mit dem Stabmixer mit Öl, Essig, ½ Teelöffel Honig, Kreuzkümmel und 1 Prise Salz grob mixen. Die Mojo mit Salz, Pfeffer und Honig abschmecken.

Rote-Bete-Spalten und Kartoffeln auf Tellern anrichten. Die Mojo dazu servieren.

TIPP

Wer lieber anderes Ofengemüse mag, kann die Mojo entsprechend zum genutzten Gemüse auch mit je 1 Handvoll Grün oder Blättern von Rettich, Kohlrabi, Möhren, Stangensellerie, Pastinaken oder Petersilienwurzel zubereiten. Der Geschmack variiert dann natürlich ein wenig, und ihr solltet gegebenenfalls noch etwas nachwürzen.

Radieschen- und Sellerieblätter wegzuwerfen ist wirklich eine Sünde. Denn sie schmecken nicht nur hervorragend, sondern sind auch noch reich an Vitaminen und Mineralstoffen.

RADIESCHENHUMMUS

8–12 STD.   1 STD.   10 MIN.   2–4   VEGETARISCH

90 Gramm **Kichererbsen** über Nacht einweichen. Am nächsten Tag Einweichwasser abgießen, die Kichererbsen in neuem Wasser bei mittlerer Hitze zugedeckt 1 Stunde gar kochen. Abgießen, kalt abschrecken und abtropfen lassen. 2 **Knoblauchzehen** abziehen. **Radieschenblätter** von 1 Bund Radieschen putzen, dabei Blätter von 2 Radieschen für das Öl abnehmen. Restliche Blätter mit Kichererbsen (bis auf 1 Esslöffel), 50 Gramm **Tahin**, 2½ Esslöffeln **Zitronensaft, Knoblauch**, 1 Teelöffel **Honig**, ½ Teelöffel **gemahlenem Kreuzkümmel**, 1 Prise **Cayennepfeffer** und 50 Milliliter Wasser pürieren. Mit **Salz** und **Pfeffer** abschmecken. Restliche Blätter mit 2 Esslöffeln **Öl** pürieren, mit Salz und Pfeffer würzen. Hummus in eine Schale geben. Mit Radieschenöl und den übrigen Kichererbsen garnieren.

RADIESCHEN-BROT-SALAT

15 MIN.   2   VEGETARISCH

Für das Dressing 1 kleine **rote Zwiebel** und 1 **Knoblauchzehe** abziehen und fein würfeln. Die Zwiebel und die Hälfte des Knoblauchs mit 2½ Esslöffeln **Weißweinessig**, 2 Esslöffeln **Öl** und 2 Teelöffeln **Honig** verrühren. Mit **Salz** würzen. 250 Gramm **Tomaten** in schmale Spalten schneiden, dabei die Stielansätze entfernen. ½ **Salatgurke** längs halbieren und in Scheiben schneiden. 5 **Radieschen** klein schneiden, die Blätter putzen. ½ Bund **Dill** samt Stängeln hacken. 2 Scheiben **altbackenes Weißbrot** in Streifen schneiden und in einer Pfanne in 3 Esslöffel Öl knusprig braun rösten, dabei den restlichen Knoblauch kurz mitrösten. Etwas abtropfen lassen. Alle Salatzutaten mischen, mit Salz und **Pfeffer** abschmecken und servieren. Tipp: Den Salat nach Belieben auf hauchdünn gehobelten Kohlrabischeiben servieren.

SELLERIE-BIRNEN-SMOOTHIE

10 MIN. 1 VEGETARISCH

1 **reife Birne** (regionale Sorte) halbieren und das Kerngehäuse entfernen. Die Hälften klein schneiden. 1 Scheibe **Ingwer** schälen. 1 Handvoll **Sellerieblätter** (von Knollen- oder Stangensellerie), Birne, 50 Gramm **helle Weintrauben** (oder entsteinte Mirabellen), Ingwer, 1 Esslöffel **Haselnusskerne**, 2 Teelöffel **Zitronensaft**, 1 Teelöffel **Honig**, 2 Teelöffel **Leinöl** und einige **Minzeblätter** mit 100 Milliliter Wasser fein pürieren. Den Smoothie mit etwas Zitronensaft abschmecken und in ein Glas umfüllen. Sofort genießen.

APFEL-SELLERIE-SALAT

10 MIN. 2 VEGETARISCH

1 **Apfel** halbieren, das Kerngehäuse entfernen. Die Hälften würfeln. Von ½ **Selleriestaude** die Blätter abzupfen, die Stangen in Scheiben schneiden. 125 Gramm **Weintrauben** abzupfen. 80 Gramm **Walnusskerne** grob zerbröckeln. 100 Gramm **Schnittkäse (z.B. Gouda oder Maasdamer)** würfeln. Alles in einer Schüssel mischen. Für das Dressing 3 Esslöffel **Apfelessig**, 1 Esslöffel **Honig**, 2 Teelöffel mittelscharfen Senf und 2 Esslöffel **Öl** verrühren. Mit **Salz** und **Pfeffer** würzen. Das Dressing mit dem Salat mischen. Den Salat auf Teller verteilen. Nach Belieben noch etwas **Kresse** darüberstreuen und servieren.

WIRSINGCHIPS

10 MIN.   6 STD.   10 MIN.   2–4   VEGETARISCH

ca. 250 g äußere
Wirsingblätter

FÜR DIE MARINADE

2 EL Sojasauce

2 EL Hefeflocken

1½ EL Öl

1 EL Zitronensaft

1 TL Honig

1 TL edelsüßes Paprikapulver

½ TL gemahlener
Kreuzkümmel

⅓ TL gemahlene Kurkuma

1 TL Schwarzkümmel, ganze
Samen

Die äußeren Wirsingblätter sind etwas derb und werden meist weggeworfen. Nicht bei mir: Ich mariniere sie erst superlecker und trockne sie dann im Dörrautomaten zu knusprigen Chips.

Die Blätter abwiegen. Die Marinade reicht für etwa 250 Gramm – gegebenenfalls die Menge entsprechend aufstocken oder reduzieren. Die Blätter putzen, braune und trockene Stellen wegschneiden. Die dicken Blattstiele waagerecht flach schneiden. Die Blätter in große Stücke schneiden, dann gründlich waschen und trocken schleudern.

Für die Marinade alle Zutaten verrühren. Die Blätter gründlich darin wenden und die Marinade etwas einkneten. Die Blattstücke auf drei Roste des Dörrgeräts legen und bei 50 °C 5 bis 6 Stunden trocknen, bis die Blätter schön knusprig sind. Die Trockenzeit bei Bedarf etwas verlängern. Alternativ bei 50 °C im Backofen trocknen.

Die fertigen Chips abkühlen lassen und gut verschlossen bis zum Genuss verwahren. So bleiben sie schön knusprig. Auf diese Weise lassen sich auch die äußeren Blätter von anderen Kohlsorten wie Weiß-, Rot-, China- oder Rosenkohl trocknen. Die Trockenzeiten variieren. Auch die in Scheiben geschnittenen Blattstielansätze des Blumenkohls geben fantastische Chips ab.

TIPP

Wenn ihr Wert auf Rohkosternährung legt, könnt ihr die Chips auch bei 42 °C trocknen. Dann verlängert sich jedoch die Trockenzeit beträchtlich.

Dass Zitronen- und Orangenschalen hervorragend schmecken, ist allseits bekannt. Trotzdem fällt einem vielleicht nicht immer sofort die passende Verwendungsmöglichkeit ein. Hier vier tolle Beispiele!

GREMOLATA-SALZ

10 MIN.   25 MIN.   1   VEGAN

Den Backofen auf 60 °C vorheizen. Die Schale von 1 **Biozitrone** mit einem Zestenreißer abziehen. 1 Stängel **Petersilie** klein schneiden. 1 **Knoblauchzehe** abziehen und würfeln. Alles in einem Mörser zerreiben, 100 Gramm **grobes Meersalz** dazugeben und weitermörsern, bis alles gut durchmischt ist. Die Mischung auf ein Backblech geben und im Backofen auf der mittleren Schiene 20 bis 25 Minuten durchtrocknen. In ein Schraubglas umfüllen und abkühlen lassen. Schmeckt super zu mediterranen und indischen Gerichten, aber auch mit Butter oder Margarine auf Brot. Würzt auch Cracker und süß-salzige Nüsse (siehe S. 157) fein.

ZITRUS-GEWÜRZÖL

35 MIN.   1 WOCHE   1 L   VEGAN

Die Schale von 2 **Biozitronen** mit dem Sparschäler abschneiden. 1 **Knoblauchzehe** abziehen und halbieren. 1 **rote Chilischote (z. B. Jalapeño)** anritzen. 3 Stängel **Basilikum**, Knoblauch, Chili, ½ Teelöffel **schwarze Pfefferkörner**, ½ Teelöffel **Fenchelsamen** und die Zitronenschale in eine Flasche (1 Liter) füllen. 750 Milliliter **Öl** daraufgießen, die Flasche verschließen und das Öl 1 Woche ziehen lassen. Das Öl abgießen und die Einlage entfernen. Gewürzöl wieder in die Flasche geben und für Salate, Pasta & Co. verwenden. Die eingelegten Gewürze können sofort noch weiterverwendet werden, z. B. für Pastasaucen, Currys und mehr.

ORANGENSIRUP

35 MIN.   330 ML   VEGAN

Von 2 **Bioorangen** mit einem Sparschäler
die Schale dünn abschneiden und etwas
zerkleinern. 200 Milliliter Wasser zum
Kochen bringen, 200 Gramm **Zucker** darin
auflösen und ebenfalls zum Kochen bringen.
Die Orangenschalen dazugeben und alles
zugedeckt bei schwacher Hitze 2 Minuten leise
köcheln. In eine Flasche abfüllen und diese
verschließen. Orangensirup ist perfekt für
Cocktails, die sonst mit Zuckersirup zubereitet
würden, eignet sich aber auch fantastisch zum
Süßen von schwarzem Tee, zum Tränken von
Gebäck oder zum Süßen und Aromatisieren
indischer und mediterraner Gerichte.

WEIHNACHTSTEE

10 MIN.   2 STD.   6 TASSEN   VEGAN

Den Backofen auf 60 °C (Umluft) vorheizen.
Von 4 **Bioorangen**, 2 **Biozitronen** und
2 **Bioäpfeln** mit einem Sparschäler die
Schale dünn abschneiden und grob hacken.
2 **Kardamomkapseln** zerstoßen und die
Kerne herauslösen. 2 **Gewürznelken** und
ein 1 Zentimeter großes Stück **Zimtstange**
mit den Kardamomsamen zermörsern. Die
Gewürze mit den Schalen mischen und in eine
Auflaufform geben. Im vorgeheizten Backofen
auf der mittleren Schiene 2 Stunden trocknen.
Die getrocknete Mischung mit den Fingern fein
zerbröckeln. In ein Glas abfüllen und dieses
verschließen. Für den Tee 1 bis 2 Teelöffel
der Mischung in einen Teefilter geben und
250 Milliliter Wasser aufgießen. 5 Minuten
ziehen lassen, dann genießen. Nach Belieben
mit etwas Orangensirup süßen.

20 MIN.   15 MIN.   2-4   VEGAN

Kürbiskerne aus 1 Hokkaidokürbis

1 Zweig Rosmarin

2 TL Salz

1 Prise Cayennepfeffer

TIPP

Auch die Kerne von Wassermelonen oder selbst geerntete Sonnenblumenkerne lassen sich auf die gleiche Art rösten. Allerdings können die Melonenkerne unter Umständen recht hart werden, und es ist nicht so leicht, an den zarten Kern heranzukommen.

40 MIN.   15 MIN.   2-4   VEGAN

Kürbiskerne aus 1 Hokkaidokürbis

50 g Zucker

1 Prise Salz

1 Prise Zimtpulver

GERÖSTETE KÜRBISKERNE

Nicht nur die großen Kerne aus dem steirischen Ölkürbis sind ein Hit. Auch die etwas kleineren aus dem beliebten Hokkaidokürbis müssen sich geschmacklich nicht verstecken.

Die Kürbiskerne vom faserigen Fruchtfleisch lösen, mehrfach gründlich waschen und mit einem sauberen Küchentuch abtupfen. Das Rezept ist für ca. 150 Gramm Kürbiskerne angelegt. Weicht die Menge ab, die übrigen Mengen entsprechend anpassen. Den Backofen auf 160 °C (Umluft) vorheizen.

1 Esslöffel Rosmarinnadeln abzupfen und mit dem Salz fein zermörsern. 1 Prise Cayennepfeffer unterrühren. Die noch feuchten Kerne mit der Mischung einreiben, dafür bei Bedarf noch etwas Wasser dazugeben. Die Kerne auf einem Backblech ausbreiten und auf der mittleren Schiene des vorgeheizten Backofens 10 bis 15 Minuten rösten, bis sie knackig und leicht gebräunt sind und eine Salzkruste haben.

Die Kerne abkühlen lassen, gegebenenfalls etwas von der Salzkruste abreiben und die Kerne bis zur Verwendung in einem verschlossenen Glas lagern. Je nach Alter können die Schalen mitgegessen werden oder sollten, wenn sie hart und zäh sind, mit den Zähnen geknackt werden. Dann nur die zarten Samen genießen.

GEBRANNTE KÜRBISKERNE

Den Backofen auf 160 °C (Umluft) vorheizen. Die gesäuberten Kürbiskerne (siehe vorheriges Rezept) auf einem Backblech ausbreiten und auf der mittleren Schiene des vorgeheizten Backofens 10 bis 15 Minuten rösten, bis sie knackig und leicht gebräunt sind. Herausnehmen und abkühlen lassen. Die Kerne knacken und die Samen herauslösen.

Für die gebrannten Nüsse Zucker und 1 Prise Salz in einem Topf mit 1 Esslöffel Wasser zum Kochen bringen. Die Kürbiskerne dazugeben und mit einem Holzlöffel rühren, bis der Zucker fest wird. Weiterrühren, bis der Zucker schmilzt und die Kürbiskerne rundherum von hellbraunem Karamell umgeben sind.

Den Topf vom Herd nehmen. 1 Prise Zimt unter die Mischung rühren. Die Kürbiskerne möglichst einzeln auf einer Backmatte verteilen und abkühlen lassen.

WIRF MICH NICHT WEG!

Viele Pflanzenteile landen zu Unrecht auf dem Kompost oder im Biomüll. Denn sie schmecken – wie ich in diesem Kapitel schon gezeigt habe – richtig zubereitet ganz fantastisch und stecken voller wertvoller Inhaltsstoffe. Hier ein kleiner Überblick über weitere verkannte Genies.

MÖHRENGRÜN

Das üppige Grün enthält – wie die Möhren selbst – eine Menge wertvolles Betacarotin und ist zudem reich an Kalzium. Außerdem überzeugt es durch seinen mild-würzigen, an Petersilie erinnernden Geschmack. Als Pesto, in Smoothies, in Suppen oder fein gehackt in einem Quarkdip schmeckt das Grün hervorragend. Der Wermutstropfen: Wegen des in ihm enthaltenen Stoffs Falcarinol, der in größeren Mengen giftig ist, sollte es nur in Maßen genossen werden. Außerdem sollte es vor dem Verzehr immer gründlich gewaschen werden. Denn insbesondere beim

Bioanbau können Reste der Düngung, etwa durch Mist, auf den Blättern haften bleiben.

MANGOLD-, RUCOLA- & SPINATSTIELE

Von dem einen werden sie wie selbstverständlich mitgegessen, von anderen verschmäht. Wer nicht so gerne auf den Stielen herumbeißt, kann sie fein gehackt unter Salate (z. B. Rucola und Spinat) mischen, kurz in Suppen mitgaren oder unter Smoothies mixen.

RETTICHBLÄTTER

Wie Radieschenblätter sind auch die Blätter des Rettichs ein echter Genuss. Mit ihrem leicht scharfen Aroma bieten sie sich für Dips wie Mojo (siehe S. 130), Brotaufstriche und Pesto an. Auch als würzige Zugabe in Salaten machen sie sich hervorragend.

WASSERMELONEN

Während der rote Teil der Wassermelone fruchtig-süß schmeckt, hat der weiße äußere Streifen eher ein gemüsiges Aroma, das an Gurken erinnert. Daher kann dieser geraspelt sehr gut unter Salat gemischt oder wie Gurken zu Pickles oder Relish (siehe S. 152) verarbeitet werden. Die grüne Schale kann – sofern bio – dranbleiben, ist aber nicht für jeden gut bekömmlich.

KIWISCHALEN

Bei Biofrüchten kann die Schale – nachdem sie gründlich gewaschen wurde – mitgegessen werden. Sie ist zwar etwas haarig, aber direkt darunter stecken die meisten Nährstoffe. Und wer Kiwis am liebsten im Smoothie genießt, wird nach dem Pürieren ohnehin keinen Unterschied mehr feststellen.

LASS MICH LINKS LIEGEN!

Auch wenn der Wunsch groß ist, Gemüse und Früchte möglichst komplett, also root to stem, zu nutzen, sollte man von einigen Pflanzenteilen die Finger lassen. Diese schwarzen Schafe enthalten Giftstoffe oder sind ungenießbar und sollten entsorgt werden. Hier habe ich eine Liste der »Unberührbaren« zusammengestellt.

NACHTSCHATTENGEWÄCHSE

Zu dieser leckeren Großfamilie gehören unter anderem Kartoffeln, Tomaten, Chilis und Auberginen. Außer den bekannten essbaren Früchten oder Knollen sind die meisten Pflanzenteile der Nachtschattengewächse giftig und sollten keine Verwendung finden. Kartoffeln und Tomaten können das giftige Solanin enthalten. Bei Kartoffeln entsteht es bei der Grünfärbung durch Lichteinfall, bei der Keimung und in Druckstellen. Diese Stellen großzügig wegschneiden und total verkeimte oder großflächig grüne Kartoffeln wegwerfen. In Tomaten kommt Solanin ebenfalls in grünen Stellen sowie im Stielansatz gehäuft vor. Diese immer entfernen.

ROHE HÜLSENFRUCHTTEILE

Hülsenfrüchte dürfen, abgesehen von Erbsen, nicht roh verzehrt werden, da sie im Rohzustand problematische Stoffe – etwa das giftige Phasin – enthalten, die erst durch das Erhitzen und Garen zerstört werden. Abfälle, wie die Enden von grünen Bohnen, sind also keinesfalls für Smoothies oder als Salatbeigabe geeignet. Sie können bestenfalls in Suppen mitgegart werden. Sprossen und Keimlinge – etwa von Erbsen und Linsen sowie Mung- und Sojabohnen – sollten kurz blanchiert, also mit kochendem Wasser übergossen werden. Lichtblick: Die Sprossen von Alfalfa und Bockshornklee sind auch roh ein Genuss.

BITTERE ZUCCHINI-, GURKEN-, KÜRBIS- UND MELONENTEILE

Von Gurken und Kürbissen können abgesehen vom holzigen Stielansatz und der oft sehr harten Schale eigentlich alle Teile gegessen werden. Ausnahme: Schmeckt ein Teil bitter, enthält er das giftige Cucurbitacin. Dann heißt es sofort Abstand nehmen. Durch dieses Gift ist es sogar zu Todesfällen gekommen. Besondere Vorsicht ist geboten, wenn die Pflanzen aus selbst geernteten Samen gezogen wurden. Je nach Bestäuber können in der nächsten Generation Rückzüchtungen entstehen, in denen die zuvor herausgezüchteten giftigen Bitterstoffe wieder enthalten sind.

OBSTKERNE/-STEINE

Die meisten Steine bzw. Kerne von Steinobst wie Aprikosen oder Kernobst wie Äpfeln und Birnen enthalten schädliche Blausäureverbindungen. Ein Verzehr ist daher nicht zu empfehlen. Verschluckt man aber aus Versehen ein paar Apfelkerne, ist das kein Drama. Die Konzentration des Stoffes ist in wenigen Kernen zu gering für eine Vergiftung.

RHABARBERBLÄTTER

Wie die Stiele enthalten die Rhabarberblätter Oxalsäure, nur in viel höherer Konzentration. Sie sollten nicht verzehrt werden. Sie ergeben jedoch einen hervorragenden Gartendünger, und man kann aus ihnen eine Pflanzenjauche herstellen (siehe S. 173).

KAPITEL 5

DO IT YOURSELF

- - - -

In vielen Fertigprodukten wie Saucen, Aufstrichen und Knabberzeug steckt jede Menge Lebensmittelchemie. Noch dazu kommen sie meist in Plastikverpackungen daher. Für mich ein absolutes No-Go!

Für dieses Kapitel habe ich daher allerlei nachhaltige Lieblingsbasics kreiert, mit denen die Produkte aus dem Supermarkt schnell in Vergessenheit geraten. Halb pflanzlicher Joghurt aus Milch und Buchweizen hat sich mit seinem nussigen Aroma schnell zu einem meiner Favourites gemausert. Rein pflanzliche Mayonnaise auf Sonnenblumenbasis lässt die klassische Version mit Ei vergessen.

Zum Snacken warten selbst gemachte, knusprige Tortillachips mit einer crazy Guacamole auf Auberginenbasis. Oder dürfen es lieber süß-scharfes Chilipopcorn und karamellisierte Currynüsse sein?

Rote-Bete-Labneh bringt Abwechslung aufs Brot, während Blaubeerketchup beim Grillen überrascht. Und auch das Einlegen und Fermentieren kommen nicht zu kurz. Denn wenn während der Saison Überfluss herrscht, ist das Einmachen die beste Art, Gemüse & Co. für später zu konservieren und somit unnötige Abfälle zu vermeiden. Super-easy und superlecker …

Mit dem veganen Joghurt aus dem Handel bin ich noch nicht glücklich geworden. Daher habe ich einen Zwischenschritt eingelegt und einen zur Hälfte pflanzlichen Joghurt kreiert.

HALB PFLANZLICHER BUCHWEIZENJOGHURT

20 MIN.   12 STD.   4 x 300 ML   VEGETARISCH

½ l Milch (3,8 % Fett)

600 ml Buchweizendrink

100 g Joghurt

Milch und Buchweizendrink auf 90 °C erhitzen, dafür ein Thermometer verwenden. Anschließend auf 45 °C abkühlen lassen.

Joghurtbereiter, Dörr- oder Backofen auf 44 °C aufheizen. Den Joghurt und die Milchmischung verrühren. Auf vier Gläschen verteilen und diese verschließen. Im Joghurtbereiter oder im Dörr- oder Backofen 10 bis 12 Stunden reifen lassen. Danach bis zur Verwendung kühl stellen.

20 MIN.   12 STD.   1000 ML   VEGETARISCH

BUCHWEIZENDRINK

120 g Buchweizen

2 EL Hanfsamen

2 EL blütenzarte Haferflocken

2 TL Honig

1 TL Öl

Salz

2 Prisen Zimtpulver

Am Vortag 2 Esslöffel Buchweizen und die Hanfsamen in einer Pfanne ohne Fett hellbraun anrösten, herausnehmen. Mit dem restlichen Buchweizen und den Haferflocken knapp mit Wasser bedecken und zugedeckt über Nacht einweichen.

Am nächsten Tag das Einweichwasser abgießen und die Mischung mit 1 Liter Wasser in den Standmixer geben. Honig, Öl, ¼ Teelöffel Salz und Zimt dazugeben und alles kräftig durchmixen. 10 Minuten ruhen lassen und erneut kräftig mixen. Mit Salz abschmecken. Die Mischung durch ein Sieb in eine Kanne gießen. Danach noch etwas ruhen lassen, so setzen sich weitere Feststoffe ab. Für Joghurt können diese jedoch auch in der »Milch« bleiben. Bis zur Verwendung kühl stellen.

Rote-Bete-Labneh

Forellen-Röstgemüse-
Aufstrich

Sellerie-Apfel-Creme

Vegane Kürbiskernbutter

Nach Selbstversuchen kann ich bestätigen: Es gibt nichts Schöneres, als ein frisch gebackenes Brot mit diesen originellen Aufstrichen zu genießen. Wer braucht da schon Wurst und Käse?

500 g Joghurt (nach Wunsch pflanzlich)

250 g Rote Beten

1 EL + 2 TL Öl

1 Knoblauchzehe

1 EL Apfelbalsamessig

Salz

1 Bund Dill

Pfeffer

½ TL Schwarzkümmelsamen

ROTE-BETE-LABNEH

15 MIN.   24 STD.   1 STD.   8-10   VEGET./VEGAN

Am Vortag den Backofen auf 200 °C vorheizen. Ein Sieb über einen Topf hängen und dieses mit einem sauberen Küchentuch auslegen. Den Joghurt einfüllen, das Tuch darüberschlagen, mit einem Teller beschweren und 24 Stunden im Kühlschrank abtropfen lassen. Die Roten Beten mit 1 Teelöffel Öl einreiben und auf dem Blech auf der mittleren Schiene des vorgeheizten Backofens 1 Stunde backen. Anschließend herausnehmen, halbieren und über Nacht abkühlen lassen.

Am nächsten Tag Rote Beten schälen und klein schneiden. Knoblauch abziehen und grob würfeln. Beides mit Essig, 1 Esslöffel Öl und etwas Salz fein pürieren. Den abgetropften Joghurt in eine Schüssel umfüllen und mit dem Rote-Bete-Püree verrühren. Dill samt Stängeln fein hacken und unterheben. Mit Salz und Pfeffer abschmecken. In ein Schälchen umfüllen, mit dem restlichen Öl beträufeln und mit Schwarzkümmel bestreuen.

50 g Kürbiskerne

1 Zwiebel

1 EL Öl

125 g weiche Margarine (vegan)

2 EL Kürbiskernöl

½ EL Weißweinessig

Salz

Pfeffer

1 fingerdickes Bund Schnittlauch

VEGANE KÜRBISKERNBUTTER

20 MIN.   8   VEGAN

Die Kürbiskerne in einer Pfanne ohne Fett anrösten, bis sie sich aufblähen und bräunen. Sofort herausnehmen und etwas abkühlen lassen. Die Zwiebel abziehen und fein würfeln. In einer Pfanne in Öl anbraten, bis sie leicht gebräunt sind.

Margarine, Zwiebelwürfel, Kürbiskernöl und Essig fein pürieren, mit Salz und Pfeffer würzen. Schnittlauch in feine Röllchen schneiden, Kürbiskerne fein hacken. Beides untermischen.

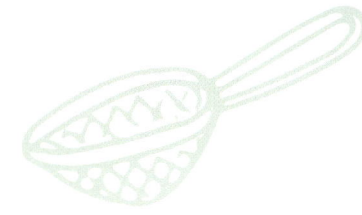

400 g Knollensellerie

1 Apfel

40 g Butter

1 EL Apfelbalsamessig

1 EL Leinöl

Meerrettichwurzel (nach
Belieben)

Salz

weißer Pfeffer

2 EL Hanfsamen

SELLERIE-APFEL-CREME

20 MIN.   8   VEGETARISCH

Den Sellerie schälen und klein schneiden. Den Apfel halbieren,
das Kerngehäuse entfernen. Die Hälften in Spalten schneiden.
Beides in einem Topf mit Dämpfeinsatz über kochendem
Wasser 8 Minuten dämpfen. Herausnehmen und etwas
abkühlen lassen.

Die Apfelspalten von der Schale lösen und mit dem Sellerie,
der Butter, dem Essig und dem Öl zu einer feinen Creme
pürieren. Nach Geschmack etwas Meerrettich darüberreiben
und untermixen. Mit Salz und Pfeffer abschmecken. Die
Hanfsamen in einer Pfanne ohne Fett anrösten, bis es zu
knacken beginnt. Unter die Creme rühren.

1 kleine rote Zwiebel

1 rote Paprikaschote

200 g Aubergine

1 EL Apfelbalsamessig

1 EL Öl

1 TL gehackte mediterrane
Kräuter

Salz, Pfeffer

2 geräucherte Bio-
Forellenfilets, ca. 125 g

1–1½ EL Zitronensaft

1 TL Paprikapulver

1 Messerspitze
Cayennepfeffer

FORELLEN-RÖSTGEMÜSE-
AUFSTRICH

15 MIN.   30 MIN.   1 STD.   8   FISCH

Den Backofen auf 200 °C vorheizen. Zwiebel abziehen,
Paprikaschote halbieren und entkernen und beides mit der
Aubergine klein schneiden. Das Gemüse mit Essig, Öl und
Kräutern mischen und mit Salz sowie Pfeffer würzen. In
einer Auflaufform auf der mittleren Schiene des vorgeheizten
Backofens 30 Minuten backen, bis es gut gebräunt ist.
Herausnehmen und abkühlen lassen.

Das Gemüse in einer Schüssel mit den grob zerbröckelten
Forellenfilets, 1 Esslöffel Zitronensaft, Paprikapulver und
Cayennepfeffer fein pürieren. Den Aufstrich mit Salz, Pfeffer
und Zitronensaft abschmecken.

15 MIN.   8-12 STD.   180 ML   VEGAN

VEGANE MAYONNAISE

Wo ich beim Joghurt noch etwas skeptisch bin, hat mich rein pflanzliche Mayonnaise sofort überzeugt. Hier eine sojafreie Version auf der Basis von Sonnenblumenkernen.

Am Vorabend die Sonnenblumenkerne in einem Schälchen mit Wasser bedecken und zugedeckt über Nacht darin einweichen. (Schnelle Variante: Sonnenblumenmus kann direkt mit den anderen Zutaten verarbeitet werden.)

Am nächsten Tag den Knoblauch abziehen. Das Wasser von den Sonnenblumenkernen abgießen. Die Kerne im Blitzhacker fein zermahlen, anschließend in einen Mixbecher umfüllen. Knoblauch, 2 Teelöffel Zitronensaft, Essig, Senf, Zucker, Kurkuma, etwas Salz, nach Belieben Kala Namak und 50 Milliliter Wasser hinzufügen und alles mit dem Stabmixer zu einem feinen Püree mixen.

Nach und nach langsam das Öl ins Püree einlaufen lassen und weitermixen, bis eine cremige Mayonnaise entstanden ist. Mit Salz und Zitronensaft abschmecken.

Für die Ingwer-Koriander-Mayo den Koriander samt Stängeln fein hacken. Ingwer schälen und fein würfeln. Beides mit dem Zitronensaft und dem Öl im Blitzhacker fein hacken. Die Mischung unter die Basismayonnaise rühren. Mit Salz abschmecken.

Für die Chilimayonnaise die fertige Basismayonnaise mit Sambal Oelek oder Harissapaste sowie Honig verrühren und anschließend noch einmal abschmecken.

FÜR DIE BASISMAYONNAISE

30 g Sonnenblumenkerne oder
2 EL Sonnenblumenmus
½ Knoblauchzehe
2-3 TL Zitronensaft
1 TL Weißweinessig
1 TL Senf
2 Prisen Zucker
1 Prise gemahlene Kurkuma
Salz
1 Mini-Prise Kala Namak (nach Belieben)
125 ml Walnussöl

FÜR DIE INGWER-KORIANDER-MAYO

1 kleines Bund Koriandergrün
1 dünne Scheibe Ingwer
2 TL Zitronensaft
2 TL Öl
1 Rezept Basismayonnaise

FÜR DIE CHILIMAYONNAISE

1 Rezept Basismayonnaise
1 EL Sambal Oelek oder 2 TL Harissapaste
½ TL Honig

TIPP

Herzhaft gewürzte und knusprig gebackene Kartoffeln, Süßkartoffeln oder anderes Gemüse aus dem Ofen sind eine perfekte Beilage zu jeder Mayovariante. Die hier vorgestellten dynamischen drei Versionen passen aber auch hervorragend zu Gegrilltem, Burgern, Hotdogs oder Wraps.

Leckere Würzsaucen sind überraschenderweise fast immer ganz einfach zubereitet. Warum also noch auf unsägliche Fertigprodukte in Plastikverpackungen zurückgreifen?

GURKENRELISH

35 MIN.   1 STD.   300 ML   VEGAN

1 **Zwiebel** und 20 Gramm **Ingwer** schälen und beides mit 250 Gramm **Salatgurke** fein würfeln. In einer Schüssel mit ½ Teelöffel gemahlener **Kurkuma**, 2 Teelöffeln hellen **Senfkörnern** und 2 Teelöffeln **Salz** mischen, 1 Stunde ziehen lassen. 75 Milliliter **Apfelessig** mit 50 Gramm **Zucker** und 1 Teelöffel **Weizenmehl** aufkochen und ca. 2 Minuten dicklich einkochen lassen. Die ausgetretene Gurkenflüssigkeit dazugießen und kurz mitkochen. Die Gurkenmischung hinzufügen, noch einmal aufkochen und zugedeckt bei schwacher Hitze 10 Minuten köcheln lassen. **Dillspitzen** (fein gehackt) von 2 Stängeln unter die Gurkenmischung rühren. Das Relish in ein Twist-off- oder Bügelglas füllen, verschließen und abkühlen lassen. Lecker zu Burgern (siehe S. 44), Bratlingen (siehe S. 84/85) und zur herzhaften Brotzeit.

SWEET-CHILI-SAUCE

15 MIN.   250 ML   VEGAN

Je 1 große **rote** und **gelbe Chilischote** samt Kernen in feine Ringe schneiden. 1 **Knoblauchzehe** abziehen und fein würfeln. 50 Milliliter **Apfelessig**, 100 Gramm **Zucker** und 150 Milliliter Wasser in einem Topf mit den Chiliringen und dem Knoblauch zum Kochen bringen. Alles offen bei mittlerer Hitze 3 Minuten köcheln lassen. 2 Teelöffel **Speisestärke** mit 2 Esslöffeln Wasser verrühren und dazugeben. Offen weitere ca. 2 Minuten dicklich einkochen lassen. Die Sauce mit **Salz** abschmecken. In ein sauberes Twist-off- oder Bügelglas oder eine Glasflasche füllen, diese verschließen und die Sauce abkühlen lassen. Schmeckt zu allen asiatisch angehauchten Gerichten, z. B. Gemüse-Pilaw (siehe S. 55), aber auch zu Ofengemüse, Burgern und Hähnchen (siehe S. 62).

BLAUBEERKETCHUP

20 MIN.   250 ML   VEGAN

1 **Zwiebel** abziehen und fein würfeln.
Mit 250 Gramm **Blaubeeren**, 70 Milliliter
Weißweinessig, 80 Milliliter Wasser,
1 **Lorbeerblatt**, 2 **Gewürznelken**,
1 **Wacholderbeere**, 1 Prise **Zimtpulver** und
etwas **Salz** in einem Topf zum Kochen bringen
und zugedeckt 8 Minuten leise kochen lassen.
Dann mit schräg aufgelegtem Deckel weitere
5 Minuten kochen. Nelken und Wacholderbeere
mit einem Löffel herausfischen, den Ketchup
mit dem Stabmixer fein pürieren. Bei Bedarf
noch etwas Wasser dazugeben oder einkochen,
bis eine dickflüssige Konsistenz erreicht ist.
Mit Salz abschmecken, in eine Flasche oder
ein Glas abfüllen, verschließen und abkühlen
lassen. Der Ketchup passt zu Bratlingen
(siehe S. 84/85), Burgern (siehe S. 44),
Süßkartoffelpommes und gebackenem Kürbis,
aber auch zu Fleisch und Käse.

APRIKOSENCHUTNEY

20 MIN.   400 ML   1 STD.   VEGAN

1 **Zwiebel** und 2 **Knoblauchzehen** abziehen,
1 Scheibe **Ingwer** schälen. Alles mit 2 **roten
Chilischoten** samt Kernen fein würfeln.
400 Gramm **Aprikosen** halbieren, entsteinen
und würfeln. Vorbereitete Zutaten mit
2 **Gewürznelken** und 1 Teelöffel schwarzen
Senfkörnern in einen Topf geben. Von
½ **Biozitrone** die Schale fein abreiben und
den Saft auspressen. 3 Esslöffel **Zucker**,
2 Esslöffel **Weißweinessig** und 1 Esslöffel
Zitronensaft zu den Aprikosen in den Topf
geben und zum Kochen bringen. **Salzen** und
offen ca. 5 Minuten dünsten, hin und wieder
umrühren. Zitronenschale unterrühren. Das
Chutney mit **Salz, Pfeffer** und Zitronensaft
abschmecken. In ein Twist-off- oder Bügelglas
füllen, dieses verschließen und das Chutney
abkühlen lassen. Genial zu Ofengemüse,
indisch angehauchten Gerichten und kleinen
Vorspeisen, aber auch zu Fleisch und Käse.

TORTILLACHIPS MIT MEXICAN SALSA

Zu einem Kinoabend zu Hause gehören für mich Tortillachips. Seit ich dieses coole Rezept mit den beiden formidablen Dips entwickelt habe, komme ich endlich nicht mehr in Versuchung, mir eine Packung zu kaufen.

FÜR DEN TEIG

125 g Maismehl

100 g Weizenmehl Type 550

½ TL Weinsteinbackpulver

½ TL Zwiebel- oder Knoblauchpulver

½ TL Salz

75 ml Milch

1 EL Öl

FÜR DIE SALSA

1 Knoblauchzehe

1 rote Chilischote, z. B. Jalapeño

300 g reife Tomaten

1 EL Rotweinessig

1-1 ½ EL Zitronensaft

2-3 TL Zucker

1 TL edelsüßes Paprikapulver

½ TL gemahlener Kreuzkümmel

1 rote Zwiebel

1 Bund Koriandergrün

Salz, Pfeffer

gemahlener Cayennepfeffer, Korianderpulver, Currypulver (nach Belieben)

AUSSERDEM

Mehl für die Arbeitsfläche

Öl zum Ausbacken

Für den Teig die trockenen Zutaten mischen, mit Milch, Öl sowie 75 Milliliter Wasser zu einem glatten Teig verkneten und 1 Stunde zugedeckt kühl stellen.

In der Zwischenzeit für die Salsa die Knoblauchzehe abziehen und mit der Chilischote würfeln. Tomaten ebenfalls würfeln, dabei die Stielansätze entfernen. Alles mit Essig, 1 Esslöffel Zitronensaft, 2 Teelöffeln Zucker, Paprikapulver und Kreuzkümmel fein pürieren. Die Zwiebel abziehen und fein würfeln, Koriandergrün fein hacken, beides unterrühren. Die Salsa mit Salz, Pfeffer, Zitronensaft und Zucker abschmecken.

5 Zentimeter hoch Öl in einen Topf geben und erhitzen. Den Teig in 8 Portionen teilen und diese auf der bemehlten Arbeitsfläche jeweils zu einem dünnen Fladen ausrollen. Die Fladen jeweils in 8 Dreiecke schneiden und diese im heißen Öl portionsweise auf beiden Seiten in ca. 2 Minuten knusprig und leicht gebräunt ausbacken. Herausnehmen und abtropfen lassen. Nach Belieben noch mit Cayennepfeffer, Paprikapulver, Koriander, Curry, Pfeffer oder Kreuzkümmel würzen und mit der Salsa und der »Guacamole« (siehe Tipp) servieren.

> **TIPP**
>
> Tortillas gehen für mich nicht ohne Guacamole. Hier eine Version ohne die gar nicht nachhaltigen Avocados: Den Backofen auf 200 °C (Umluft) vorheizen. 1 Aubergine (ca. 250 Gramm) halbieren und mehrfach tief einritzen. Mit 2 Esslöffeln Öl beträufeln und mit der Schnittfläche nach oben in einer Auflaufform im vorgeheizten Backofen auf der mittleren Schiene 30 Minuten backen. Aus dem Ofen nehmen und abkühlen lassen. 1 Bund Petersilie, 1 Bund Koriandergrün und 1 Handvoll Spinat grob hacken. 1 Knoblauchzehe abziehen und grob zerkleinern. Das Auberginenfruchtfleisch mit einem Löffel aus der Schale lösen. Alles mit 2 Esslöffeln Zitronensaft und 1 Messerspitze gemahlenem Kreuzkümmel fein pürieren. 1 rote Chilischote fein würfeln und unterheben. Die »Guacamole« mit Salz, Pfeffer und Zitronensaft abschmecken.

Mit Snacks aus dem Supermarkt türmt man schnell kleine Müllberge auf. Dabei stellen diese vier plastikfreien Knusperwunder mit ihren köstlichen Aromen die gekauften Snacks locker in den Schatten.

HIRSE-ROSMARIN-GRISSINI

25 MIN.   1 STD.   45 MIN.   24–30   VEGAN

2 Zweige Rosmarin

¼ Würfel Frischhefe

1 TL Zucker

1 TL Salz

2 EL Öl

300 g Weizenmehl Type 550

2 EL Hirse

Öl zum Bestreichen

Mehl für die Bleche

Rosmarinnadeln von den Zweigen streifen und hacken. 50 Milliliter Wasser mit Hefe und Zucker verrühren. Zusätzlich 100 Milliliter Wasser mit Salz und Öl verrühren. Mehl, Rosmarin und Hirse in eine Schüssel geben und vermischen. Hefewasser mit den Knethaken des Handrührgeräts unterrühren. Die Salzwasser-Öl-Mischung dazugeben und alles zuerst mit den Knethaken, dann mit den Händen zu einem glatten Teig verkneten. Diesen wie ein Brot länglich formen, mit Öl bestreichen und zugedeckt 1 Stunde gehen lassen.

Den Backofen auf 200 °C vorheizen. Vom Teig 1 Zentimeter breite Streifen abschneiden, diese mit den Händen auf die doppelte Länge ziehen und auf drei bemehlte Backbleche legen. 5 Minuten gehen lassen und auf der mittleren Schiene des vorgeheizten Backofens in jeweils ca. 15 Minuten knusprig backen.

FENCHELCRACKER

30 MIN.   45 MIN.   48–54   VEGETARISCH

2 EL Weichweizengrieß

200 g Weizenmehl Type 550

2 Messerspitzen Weinsteinbackpulver

2 TL Fenchelsamen

½ TL Salz

2 EL Öl

Mehl für Arbeitsfläche und Blech

1 EL Joghurt

Gremolata-Salz (siehe S. 136), Schwarzkümmel, Leinsamen, Sesam oder Cayennepfeffer (nach Belieben)

Den Grieß in 50 Milliliter heißem Wasser 5 Minuten einweichen. In der Zwischenzeit Mehl, Backpulver, Fenchelsamen und Salz in einer Schüssel mischen. Grieß samt Wasser, 50 Milliliter kaltem Wasser und Öl hinzufügen und alles zu einem glatten Teig kneten. 15 Minuten ruhen lassen. In der Zwischenzeit den Backofen auf 160 °C (Umluft) vorheizen.

Den Teig in 3 Portionen teilen. 1 Portion auf der bemehlten Arbeitsfläche dünn ausrollen Mit einem geriffelten Teigrädchen je nach Wunsch in Quadrate, Rechtecke oder Rauten schneiden. Auf ein bemehltes Backblech legen. Joghurt und 3 Esslöffel Wasser verrühren. Die Cracker damit bestreichen und nach Wunsch beliebig bestreuen, z. B. mit Gremolata-Salz (siehe S. 136), Schwarzkümmel, Leinsamen, Sesam oder Cayennepfeffer. Auf der mittleren Schiene des vorgeheizten Backofens in 15 Minuten knusprig braun backen. Mit dem restlichen Teig ebenso verfahren.

HONIG-CHILI-POPCORN

30 MIN.   2–4   VEGETARISCH

2 TL Öl

50 g Popcornmais

2 EL Zucker

1 EL Honig

2 Prisen Salz

Cayennepfeffer

Das Öl in einem Topf erhitzen, den Popcornmais hineingeben und bei mittlerer Hitze zugedeckt poppen lassen, dabei immer wieder schütteln. Vom Herd nehmen und in eine Schüssel umfüllen.

Im Topf den Zucker hellbraun karamellisieren, Honig und 2 Prisen Salz dazugeben und einmal aufwallen lassen. 2 Prisen Cayennepfeffer unterrühren. Das Popcorn in den Topf geben und im Honig-Chili-Karamell wenden. Herausnehmen und abkühlen lassen, dabei nach Belieben noch mit etwas Cayennepfeffer bestreuen.

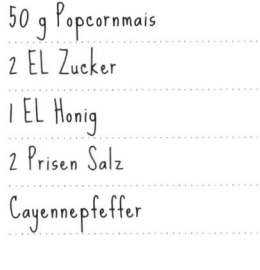

GEWÜRZNÜSSE

20 MIN.   1 STD.   4   VEGAN

100 g Zucker

½ TL Salz

je 50 g Haselnusskerne und Mandeln (nach Belieben mit oder ohne Haut)

½ TL Currypulver

½ TL Gremolata-Salz (siehe S. 136) oder Meersalz

Zucker und Salz in einem Topf mit 2 Esslöffeln Wasser zum Kochen bringen. Haselnusskerne und Mandeln zugeben und mit einem Holzlöffel rühren, bis der Zucker fest wird. Dann weiterrühren, bis der Zucker schmilzt und Haselnüsse und Mandeln rundherum von hellbraunem Karamell umhüllt sind.

Den Topf vom Herd nehmen, Nüsse und Mandeln mit dem Curry bestreuen. Möglichst einzeln auf einer Backmatte verteilen. Das Gremolata-Salz zermörsern und darüberstreuen. Nüsse und Mandeln darin wenden und abkühlen lassen.

Fenchelcracker

Hirse-Rosmarin-Grissini

Honig-Chili-Popcorn

Gewürznüsse

Lauter Lieblingsgemüse

Gemüse ist das A und O der nachhaltigen Küche. Denn seine Ökobilanz ist stets um ein Vielfaches besser als die Bilanz tierischer Produkte. Und noch dazu steckt es voller wertvoller Inhaltsstoffe. Daher sollte ihm möglichst bei jeder Hauptmahlzeit ein Ehrenplatz gebühren. Ein Glück, dass unsere Vorfahren schon seit Jahrtausenden durch Züchtungen die Vielfalt vergrößert haben. Und auch heute wird fleißig weitergeforscht und -entwickelt. Bei der inzwischen schier unüberschaubaren Auswahl und den unzähligen Zubereitungsarten kommt daher garantiert nie Langeweile auf. Hier stelle ich einige Sorten vor, die im Rezeptteil des Buchs etwas zu kurz kommen, aber definitiv eine lobende Erwähnung verdient haben.

FRISCHES GRÜN (BRUNNENKRESSE, FELDSALAT, POSTELEIN)

Neben den klassischen Salaten möchte allerlei anderes Grünzeug liebend gerne regelmäßig auf dem Teller landen. Der Feldsalat aus der Familie der Baldriangewächse mit seinen buttrig-zarten Blättern und dem nussigen Aroma ist darunter unbestritten der Star. Er verträgt fruchtige sowie herzhafte Ergänzungen und ist als Pesto ein Genuss. Postelein schwebt bei vielen noch unter dem Radar. Es kann ähnlich verwendet werden, besticht aber durch einen frisch-säuerlichen Geschmack, und besonders die langen Stiele sind sehr knackig. Brunnenkresse ist als Wasserpflanze leider nur selten erhältlich. Dabei ist ihr kräftiges, leicht scharfes, an Rettich erinnerndes Aroma eine echte Bereicherung nicht nur für Salate. Auch Dips oder Suppen werden durch sie fein gewürzt. Durch die Gemüsekiste vom Demeter-Hof habe ich den Hirschhornwegerich kennen- und schätzen gelernt. Die lanzettlich geformten Blätter überraschen durch eine salzig-nussige Note und können in milden Wintern durchgehend geerntet werden. Er ist im Handel kaum erhältlich, kann aber leicht selbst kultiviert werden.

ZICHORIENGEWÄCHSE (CHICORÉE, ENDIVIE)

Aus der Gattung der Zichorien wurden allerlei beliebte Gemüsesorten gezüchtet, etwa der leuchtend rote Radicchio. Ihnen allen gemein sind die in den Blättern enthaltenen Bitterstoffe, denen eine harn- und gallentreibende sowie appetitanregende Wirkung nachgesagt wird. Schon seit der Antike wird die Endivie angebaut. Sie gibt es als glatt- (Winterendivie) und krausblättrige Variante (Frisée). Beide ähneln einem Salatkopf und können genauso verwendet werden. Um die Bitterstoffe abzumildern, werden die Blätter dafür vorher gerne in lauwarmes Wasser eingelegt. Besonders die Winterendivie wird aber auch gekocht oder gedünstet mit Kartoffelpüree als warmes Gemüse serviert, beispielsweise zu Fleisch oder Fisch. Eine andere Erscheinungsform, aber ganz ähnliche Verwendung hat der Chicorée. Die kompakte, längliche Blattrosette wird im Dunkeln gezogen. Dadurch bleibt sie weiß bis hellgrün und enthält weniger Bitterstoffe. Aus den kräftigen Wurzelknollen wird übrigens ein schmackhafter Kaffeeersatz zubereitet.

RÜBEN (MAIRÜBCHEN, TELTOWER RÜBCHEN, STECKRÜBE, HERBSTRÜBE)

Von riesengroß und grob bis klein, zart und aromatisch reicht die Auswahl bei den Rüben. Für Eintöpfe und Pürees, aber auch als Ofengemüse sind Steckrüben eine gute Wahl. Ich persönlich mag noch lieber die kleinen, feinen Sorten, z. B. Mairübchen oder Teltower Rübchen. Diese schmecken roh, z. B. als Carpaccio oder geraspelt in Salat, aber auch gedünstet oder sogar karamellisiert.

MANGOLD

Mangold ist überraschenderweise eng mit den Rüben verwandt. Jedoch wurden hier statt der Knollenbildung die großen Blätter und die breiten – mal weißen, mal leuchtend bunten – Stiele als Merkmale herausgezüchtet. Und diese haben es in sich. Sie erinnern an Spinat, sind aber intensiver und würziger im Geschmack. Kurz mit Zwiebeln oder Knoblauch in Butter gedünstet, sind sie besonders lecker. So passt Mangold perfekt zu Pasta oder Polenta. Wer die ganzen Blätter kurz blanchiert und danach auf einem Küchentuch abtropfen lässt, kann daraus auch herzhafte Päckchen oder Rouladen zubereiten, z. B. mit Fetafüllung. Aber auch als Hülle für Sushi sind sie gut geeignet. Die Stiele schmecken genauso hervorragend wie die Blätter, sollten jedoch einige Minuten länger gedünstet werden, bis sie gar sind.

WEISS-, ROT- & SPITZKOHL

Die Liebe zu Kohl muss schon immer groß gewesen sein, wenn aus nur einer Art, nämlich Brassica oleracea, alle höchst unterschiedlichen Kohlvarietäten gezüchtet wurden. Die dadurch betonten Merkmale sorgen dafür, dass bei einigen Sorten bevorzugt die Blätter, bei anderen die Blütenstände oder gar die verdickte Sprossachse gegessen werden, obwohl in der Regel auch die anderen Pflanzenteile essbar sind. Allen gemein ist, dass sie voller Vitamine, Mineralien sowie wertvoller sekundärer Pflanzenstoffe stecken und – am wichtigsten – superlecker sind. Bühne frei für drei Sorten der Kopfkohle: Ob als knackiger Salat, deftige Roulade oder Einlage in Suppen und Eintöpfen, Weißkohl ist aus der mitteleuropäischen Küche nicht wegzudenken. Im Winter verpasst er uns zudem als Sauerkraut einen kräftigen Vitamin-C-Schub. Lecker: Statt Zwiebelkuchen (siehe S. 107) oder Lauchquiche (siehe S. 100) Sauerkrautkuchen bzw. -quiche zubereiten. Dafür statt Zwiebeln bzw. Lauch die gleiche Menge ausgedrücktes Sauerkraut verwenden und mit etwas Zucker abschmecken. Rotkohl wird meist als süß-säuerliche, weich gekochte Gemüsebeilage zu Kartoffeln, Knödeln und Fleisch serviert. Er schmeckt aber auch kurz gebraten in asiatischen Wokgerichten und als knackiger Rohkostsalat, beispielsweise mit fruchtiger Unterstützung. Spitzkohl kann genauso verwendet werden wie die beiden anderen Kohlsorten. Er ist jedoch zarter und bekömmlicher und eignet sich daher besonders gut für Rohkost und zum Kurzbraten. Er ist eine willkommene Ergänzung für jegliche Salate, etwa Thaisalat oder Mexican Salad (siehe S. 104/105).

CHINAKOHL

Schon seit dem 5. Jahrhundert wird er in China kultiviert und hat Anfang des 20. Jahrhunderts auch den Weg nach Europa gefunden. Milchsauer fermentiert und scharf gewürzt ist er als Kimchi ein wichtiges Element der koreanischen Küche. Seine Besonderheiten: der milde Geschmack und die knackige Konsistenz. Damit kann er sowohl roh als auch kurz gedünstet oder gebraten bzw. blanchiert genossen werden. Ich mag ihn am liebsten als Salat mit Mandarinen, gerösteten Kürbiskernen und einem Joghurtdressing.

MEERRETTICH

Durch seine Senföle steht er in puncto Schärfe dem japanischen Wasabi kaum nach. Fein gerieben und mit Schmand oder Apfelmus verrührt, würzt er besonders Fleisch und Fisch, schmeckt aber auch zu vegetarischen Gerichten wie Kartoffelplätzchen (siehe S. 84/85). Doch anders als beim Chili ist die Schärfe leicht flüchtig. Lässt man den Meerrettich etwas köcheln, bleibt statt brennender Schärfe nur noch zitronige Frische. So kann man ihn sogar für Süßspeisen verwenden.

RHABARBER

Obwohl hierzulande fast nur in Nachspeisen oder Konfitüren zu finden, gehört Rhabarber zu den Gemüsesorten. Die fleischigen Blattstiele mit dem stark säuerlichen Geschmack entwickeln, kombiniert mit Zucker, Gewürzen wie Vanille, Zimt oder Ingwer sowie im Zusammenspiel mit anderen Früchten – z. B. Beeren – ein unvergleichliches Aroma. Daher wird die kurze Rhabarberzeit von vielen heiß ersehnt. Wer sich traut, kann auch einmal deftige Zubereitungen wie in der persischen oder afghanischen Küche ausprobieren. Denn die Säure des Rhabarbers passt auch wunderbar zu würzigen Saucen. Die großen Blätter sind wegen des großen Oxalsäuregehalts übrigens ungenießbar, dafür als Sud aber ein hervorragender Kaliumflüssigdünger für den Garten.

Während der Saison gibt es oft Gemüse im Überfluss. Dann ist Einmachen häufig die letzte Rettung. Hier zeige ich vier einfache Versionen, die sich vielfach variieren lassen.

ROTE BETE »IN BALSAM«

20 MIN. 45 MIN. 600 ML VEGETARISCH

500 Gramm **Rote Bete** in einem Topf mit Wasser bedeckt zum Kochen bringen und zugedeckt 45 Minuten leise kochen lassen. In ein Sieb abgießen und abtropfen lassen. 4 **Schalotten** abziehen und halbieren. 200 Milliliter **Apfelbalsamessig** (oder Weißweinessig) mit 80 Gramm **Honig**, 2 **Lorbeerblättern**, 2 **Wacholderbeeren** und 1 Teelöffel **Salz** zum Kochen bringen. Die Schalotten darin zugedeckt 2 Minuten leise kochen lassen. Die Roten Beten schälen, in Scheiben schneiden und abwechselnd mit den Schalotten in ein Twist-off- oder Bügelglas füllen. Den Sud mit den Gewürzen darübergießen. Das Glas verschließen. Auf diese Art lassen sich auch gelbe Beten, Mairübchen und Kohlrabi einmachen. Die Garzeit kann dabei aber variieren. PS: Übrigen Sud als Essig für Salate verwenden.

SAURE SENFZUCCHINI

15 MIN. 1000 ML VEGAN

500 Gramm **Zucchini** in Scheiben schneiden. In kochendem **Salz**wasser 30 Sekunden blanchieren und abtropfen lassen. 1 **rote Zwiebel** abziehen und in Ringe schneiden. 1 **Knoblauchzehe** abziehen und in Scheiben schneiden. 1 Stängel **Dill (samt Blüte)** etwas klein zupfen. 350 Milliliter **Apfelessig** mit 70 Gramm **Zucker**, 1 Teelöffel **hellen Senfkörnern** und 1 Teelöffel Salz erhitzen, bis sich der Zucker aufgelöst hat. Zucchini mit Zwiebeln, Knoblauch, Dill und Dillblüte in das Glas schichten. Den heißen Sud darübergießen. Das Glas verschließen. Alternativ: Zucchini-scheiben mit etwas Salz mischen und 1 Stunde ziehen lassen. Abtropfen lassen und mit den übrigen Zutaten in ein Einmachglas schichten. Klappt genauso mit Gurken, Rettich oder gedämpftem Rosenkohl. Übriger Sud kann als Essig für Salate verwendet werden.

EINGELEGTE PILZE

20 MIN.   500 ML   VEGAN

250 Gramm **gemischte Pilze (z.B. kleine Pfifferlinge, Champignons, Austernpilze, Shiitakepilze)** putzen. 1 **Knoblauchzehe** abziehen und in Scheiben schneiden. 6 **schwarze Pfefferkörner** grob zerstoßen. 250 Milliliter **Weißweinessig** und 50 Milliliter Wasser mit Knoblauch und Pfeffer zum Kochen bringen und zugedeckt 5 Minuten ziehen lassen. Den Sud **salzen**, 1 Zweig **Rosmarin**, 2 Zweige **Thymian** und die Pilze in den Sud geben und zugedeckt bei schwacher Hitze 10 Minuten ziehen lassen. Abgießen, den Sud auffangen und als Essig für Salatdressings verwenden. Die Pilze abtropfen lassen und mit Rosmarin und Thymian in ein Twist-off- oder Bügelglas umfüllen. 200 Milliliter **Öl** in einem Topf auf 75 bis 80 °C erhitzen. Über die Pilze gießen. Luftblasen vorsichtig durch Klopfen lösen. Das Glas verschließen. Auf diese Art lassen sich auch Perlzwiebeln einlegen.

FERMENTIERTER MÖHRENSALAT

20 MIN.   1 WOCHE   500 ML   VEGAN

250 Gramm **Möhren** raspeln. 2 **Frühlingszwiebeln** in Ringe schneiden. Beides mit 2 Scheiben **Ingwer**, 2 Streifen **Zitronenschale** und 1 **roten Chilischote** mischen und in ein Twist-off- oder Bügelglas füllen. 200 Milliliter Wasser mit 7 Gramm **Meersalz** (ohne Zusatzstoffe) verrühren und darübergießen. Ein Gewicht (z.B. eine kleine Untertasse) darauflegen, damit die Möhren vollständig bedeckt sind. 4 Tage bis 1 Woche an einem dunklen Ort bei Zimmertemperatur fermentieren lassen, dabei sollte die Lake durch die entstehende Milchsäure leicht trüb werden. Danach bis zur und während der Verwendung kühl stellen, um den Fermentationsvorgang zu beenden. Der Salat sollte durch die Milchsäure einen säuerlichen Geschmack haben. Genauso können auch Weiß-, Rot- und Spitzkohl fermentiert werden.

KAPITEL 6

VOM LAGERN UND ERNTEN

- - - - -

Die Radieschen sind verschrumpelt, der Salat ist schlapp, das Brot verschimmelt: Lebensmittelverschwendung ist meist auf falsche Lagerung zurückzuführen.

Auch wenn viel auf Industrie, Großverbraucher und Handel geschimpft wird – Fakt ist, dass fast zwei Drittel der Lebensmittelabfälle in den Privathaushalten anfallen! Ein Großteil davon ist vermeidbar, das Einsparpotenzial also groß. Daher beschäftige ich mich auf den folgenden Seiten ausführlich mit dem Thema Lagerung und zeige euch, worauf es bei Gemüse, Brot & Co. ankommt. Denn wer ein paar einfache Regeln verinnerlicht, kann sich beispielsweise auch nach einer Woche noch auf knackige Möhrchen freuen.

Eine unschlagbare Ökobilanz haben frisch geerntete, nach Ökomaßstäben angebaute Gemüse und Kräuter aus dem eigenen Garten. Denn hier fallen die energieintensiven Positionen Transport und Lagerung komplett weg. Eine echte Win-win-Situation, da von einem strukturreichen Garten außerdem auch die heimische Insekten- und Vogelwelt profitiert. Das ökologische Gärtnern in all seinen Facetten setzt daher den Schlusspunkt in diesem Buch und animiert hoffentlich den einen oder anderen zur Nachahmung.

VORRAT UND LAGERUNG

Die richtige Lagerung von Lebensmitteln ist ein wichtiger Zwischenstopp auf unserer Reise in die Nachhaltigkeit. Denn so lassen sich viele unnötige Abfälle vermeiden. Entscheidend dafür ist die Wahl des richtigen Ortes, denn nicht alle Lebensmittel müssen oder wollen in den Kühlschrank. Die besten Orte für die Lagerung von Lebensmitteln sind die folgenden.

DER KELLER

In früheren Zeiten waren Keller kühl und leicht feucht, heute sind sie trockener und werden teilweise sogar beheizt. Wer einen alten Keller, womöglich sogar einen mit Lehmboden, hat, kann dort in Körben oder Holzkisten beispielsweise Äpfeln, Birnen, Kartoffeln und Zwiebeln, aber auch Knollen- und Wurzelgemüse wie Roten Beten und Möhren sowie einigen Kohlsorten, nämlich Kohlrabi, Weiß- und Rotkohl, ein ideales Lagerklima bieten – und das zum Teil sogar für mehrere Monate. Wurzeln wie Möhren und Knollen wie Rote Beten können in einer Kiste mit feuchtem Sand bedeckt Monate schadlos überstehen. Auch Eingemachtes, Marmeladen und Säfte sind im alten Keller gut aufgehoben. Ein moderner Keller hat dagegen ähnliche Eigenschaften wie ...

DIE SPEISEKAMMER

Eine echte Speisekammer hat heute bestenfalls ein Eigenheim oder eine Altbauwohnung zu bieten. Eigentlich schade, denn die unbeheizten, kühlen, luftigen Räume sind ebenfalls ein guter Lagerplatz für die Lebensmittel, die sonst geduldig im Keller auf ihren großen Tag warten würden. Zusätzlich ist sie ein geeigneter Ort für gut verschlossene, trockene Lebensmittel, aber auch ein passendes Zwischenlager für Auberginen, Tomaten und Paprika sowie Zitrusfrüchte und Bananen.

DER VORRATSSCHRANK

Er ersetzt heute vielfach die Speisekammer. Fast alle trockenen Lebensmittel wie Getreide, Nudeln, Hülsenfrüchte, Plätzchen & Co., aber auch Eingemachtes, Essig, Öl und Konfitüren fühlen sich im dunklen, zimmerwarmen Kabinett pudelwohl – bei Getreide, Mehl und Ähnlichem zum Schutz vor Vorratsschädlingen wie Lebensmittelmotten nach dem Öffnen am besten umgefüllt in gut verschließbare Behälter.

DER KÜHLSCHRANK

Ohne Frage ist eine Küche ohne Kühlschrank heute kaum noch vorstellbar. Achtet beim Befüllen auf die Zonierung: Jeder Bereich in gängigen Kühlschränken hat eine andere Temperatur und ist damit für unterschiedliche Lebensmittel optimal. Im offenen Bereich des Kühlschranks nimmt die Temperatur von oben nach unten ab. Im relativ warmen oberen Fach können Marmelade, Käse und Speisereste aufbewahrt werden. Der mittlere Teil ist optimal für Milchprodukte wie Quark, Joghurt und Sahne. Die kühle untere Ablage hält empfindliches Fleisch, Aufschnitt und Fisch kurze Zeit frisch. Im milderen Frischefach finden kühleliebende Gemüse und Kräuter ein vorübergehendes Zuhause. Die Tür ist der wärmste Platz im Kühlschrank. Hier machen es sich Getränke, Eier, Butter und gut haltbare Saucen oder Eingelegtes bequem. Ein wichtiger Hygienetipp: Damit frische Lebensmittel im Kühlschrank lange haltbar sind, darf dieser nicht mit Bakterien oder Schimmelsporen belastet sein. Reiniget den Kühlschrank regelmäßig mit Natronlösung (2 Esslöffel auf 1 Liter warmes Wasser) und trocknet den Kühlschrank mit einem sauberen Küchentuch danach wieder gründlich ab. So haben Bakterien und Schimmelsporen keine Chance!

DAS TIEFKÜHLFACH

In der frischen, regionalen, saisonalen und damit nachhaltigen Küche spielt das Tiefkühlfach überraschenderweise eine wichtige Rolle – nicht als kaltes Grab für Fertiggerichte, sondern zum Einfrieren von Speiseresten, Brot, Gemüseresten oder leicht überreifem Obst. So hilft es, Abfälle zu vermeiden und die wertvollen Überbleibsel bis zur Verwendung zu konservieren. Portionen entsprechend des Verbrauchs

einfrieren und Lebensmittel dafür in tiefkühltaugliche Glasboxen geben.

NACHHALTIGE GEFÄSSE

Die idealen Aufbewahrungsbehälter für Lebensmittel sind langlebig, frei von bedenklichen Stoffen und – falls möglich – aus Naturmaterialien. Deshalb fallen Küchenaccessoires wie Frischhaltefolie, Alufolie und Gefrierbeutel in der nachhaltigen Küche flach. Besser sind Behälter aus Glas, z. B. Flaschen, Bügelgläser, Twist-off-Gläser oder Gläser mit Glasdeckeln und Metallklammern zum Verschließen. Auch die allgegenwärtigen Kühlschrankboxen aus Kunststoff können nach und nach durch Glasboxen mit Kunststoffdeckel ersetzt werden. Diese sind gleichzeitig superpraktisch: Denn sie sind häufig sogar als Auflaufform für Backofen (natürlich ohne Deckel!), Mikrowelle und Gefrierfach geeignet und perfekt für Meals to go. Außerdem lässt sich das Glas absolut hygienisch reinigen. Auch Dosen und Schüsseln aus Edelstahl sind mit ihrer langen Haltbarkeit eine gute Wahl. Lebensmittel, die nicht luftdicht verschlossen werden müssen, können sehr gut in Stoffbeuteln oder -tüchern gelagert werden, Zwiebeln und Knoblauch dagegen in Tongefäßen,

beispielsweise Blumentöpfen. Besonders clever sind Bienenwachstücher. Sie wirken antibakteriell und sind der perfekte wiederverwertbare Ersatz für Frischhaltefolie. Auch empfehlenswert, besonders für den Keller oder die Speisekammer: Weidenkörbe und Holzkisten!

OBST & GEMÜSE

Ein Großteil der Gemüse- und Obstsorten sowie Kräuter bleiben im Kühlschrank am längsten frisch. Es gibt jedoch einige Ausnahmen:

Unter den Gemüsen benötigen die Nachtschattengewächse – also Aubergine, Kartoffeln, Paprika und Tomaten – keine Kühlung. Auch bei den Kürbisgewächsen wie Gurke, Zucchini oder Hokkaidokürbis ist sie nicht notwendig. Kühle und luftige, dunkle Keller oder Speisekammern sind hier die beste Wahl. Das Gleiche gilt für Zwiebeln, Knoblauch und Ingwer.

Bei den Kräutern ist Basilikum kälteempfindlich und hält sich am besten, wenn es wie ein Strauß Blumen bei Zimmertemperatur im Wasser steht. Die übrigen Kräuter bleiben in einer verschlossenen Glasbox im Kühlschrank am längsten frisch.

Einige Obstsorten vertragen keine Kälte. Dazu gehören fast alle Südfrüchte wie Ananas, Banane, Mango, Papaya, Melone und alle Zitrusfrüchte. Für die kurze Lagerung von bis zu einer Woche ist beim Apfel dagegen schlicht keine Kühlung notwendig. Nachreifende Obstsorten können bis zum optimalen Reifepunkt bei Zimmertemperatur lagern und erst danach in den Kühlschrank wandern. Das betrifft Apfel, Aprikose, Birne, Kiwi, Nektarine, Pfirsich und alle Pflaumenarten. Diese das Reifegas Ethylen abgebende Sorten sollten möglichst getrennt von anderen Obstsorten und Gemüse gelagert werden, da das Gas dafür sorgt, dass diese schneller verderben können.

Salatköpfe bleiben in passenden Schüsseln aus Glas oder Metall lange frisch. Diese am Boden mit etwas Wasser befüllen und den Strunk hineinstellen. Mit einem feuchten Küchen- oder Bienenwachstuch abdecken. Das Wasser alle zwei Tage wechseln. So hält sich der Salat locker über eine Woche. Gemüse wie Radieschen, Möhren und Kohlrabi vor der Lagerung im Kühlschrank von ihrem Grün trennen. Gut verschlossen bleiben sie dann locker eine Woche knackig. Das Grün am besten sofort verwenden.

FLEISCH & FISCH

Fleisch und Fisch sind die heikelsten Lebensmittel im Kühlschrank, denn sie verderben schnell und können Keime verbreiten. Daher lagere ich sie niemals offen, sondern gut verschlossen in Glasboxen im unteren Fach des Kühlschranks. Hier eine kurze Übersicht über die maximale Lagerzeit:

- Frisches Fleisch: Rind & Wild 3 bis 4 Tage, Kalb und Schwein 2 bis 3 Tage, Geflügel 1 bis 2 Tage
- Hackfleisch: maximal 1 Tag
- Gegartes Fleisch: maximal 2–3 Tage
- Aufschnitt: Brühwurstaufschnitt 3 Tage, Salami 5 Tage, Rohschinken 1 Woche
- Roher Fisch: maximal 1 Tag

- Gegarter Fisch: maximal 1 Tag
- Tiefkühl-Fisch und -Garnelen, aufgetaut: maximal 1 Tag

BROT & KÄSE

Brot im Kühlschrank zu lagern ist außer an heißen, gewittrigen Tagen keine gute Idee. Denn es wird sehr schnell trocken und altbacken. Am besten ruht es im Brotkasten oder in einem Brottopf bei einer Temperatur zwischen 12 und 18 °C. Diese Gefäße verhindern durch gute Belüftung und Feuchtigkeitsaufnahme die Schimmelbildung. Dafür sollten sie einmal in der Woche mit verdünnter Essigessenz gereinigt werden. Roggen-, Vollkorn- und Sauerteigbrote bleiben deutlich länger frisch als Weizenbrote, bei optimaler Lagerung 7 bis 9 Tage. Zur

längeren Lagerung kann Brot problemlos eingefroren werden.

Käse lagert am besten im Kühlschrank in ein Bienenwachstuch eingeschlagen. Alternativ ein sauberes Küchentuch in Salzwasser tränken, auswringen und den Käse darin einschlagen. Diesen Prozess alle drei Tage wiederholen. So hält sich Käse im Notfall einige Wochen.

TIPPS GEGEN DEN »LAGERKOLLER«

Nicht zu viel ansammeln. So verliert ihr schnell den Überblick, und es wird garantiert irgendwas schlecht. Regelmäßige Resteverwertungstage helfen, Ordnung in den Vorrat zu bringen.

Das Mindesthaltbarkeitsdatum regelmäßig kontrollieren. Selbst Eingemachtes, aber auch Eingefrorenes mit Datum versehen. Ältere Lebensmittel nach vorn sortieren und sukzessive verbrauchen.

Nach Ablauf des Mindesthaltbarkeitsdatums ist ein Lebensmittel nicht automatisch schlecht. Verlasst euch etwa bei Milchprodukten auf eure Sinne. Kontrolliert beispielsweise auf Schimmel oder Änderung der Konsistenz. Sieht das Lebensmittel völlig normal aus und riecht es nicht streng, ist es noch essbar.

Den Inhalt angebrochener Packungen in gut verschließbare Gefäße umfüllen. Bei feuchten, frischen, flüssigen und sauren Lebensmitteln Gefäße aus Glas bevorzugen und anschließend kühl stellen; bei trockenen sind auch Gefäße aus Metall eine Alternative, und die Lagerung im Vorratsschrank ist angesagt.

Empfindliche Lebensmittel nach dem Einkauf sofort gut verpacken und an die richtige Position im Kühlschrank einräumen. Jede Stunde bei Zimmertemperatur kann die Haltbarkeit verkürzen. Bei Fleisch, Fisch und Kräutern eventuell mit Kühltasche einkaufen.

Obst und Gemüse vor dem Einfrieren putzen, waschen, gegebenenfalls schälen und entkernen, zerkleinern und je nach Gemüseart blanchieren, um Vitamine und Farbe möglichst gut zu erhalten.

Tiefgekühlte Lebensmittel sind unterschiedlich lange haltbar. Versucht, alles möglichst innerhalb von sechs bis neun Monaten zu verbrauchen. Dann seid ihr auf der sicheren Seite.

Wasserreiche Gemüse und Obstsorten wie Gurken, Radieschen, Tomaten und Weintrauben nicht einfrieren. Sie werden beim Auftauen matschig und ungenießbar. Auch angesäuerte Milchprodukte wie Joghurt oder saure Sahne gehören nicht ins Tiefkühlfach, da sie schnell ausflocken.

Pilze lagern am besten in einem Körbchen oder in ein Tuch eingeschlagen im Gemüsefach.

Eier benötigen in den ersten zwei Wochen keine Kühlung, erst danach können sie für bis zu zwei weitere Wochen kühl gestellt werden. Im abgeschlossenen Fach in der Kühlschranktür sind sie davor geschützt, Gerüche aufzunehmen.

MEIN KLEINER ÖKOGARTEN: VOGEL- UND INSEKTENFREUNDLICH GÄRTNERN

Vögel und nützliche Insekten wie Bienen, Hummeln und Schmetterlinge haben es heutzutage schwer. Denn in der immer monotoner werdenden Kulturlandschaft finden sie nur noch selten optimale Lebensbedingungen. Umso wichtiger als Rückzugsort und Nahrungsquelle werden artenreiche Gärten.

HEIMISCHE WILDSTRÄUCHER STATT EXOTEN

Die hiesigen Vögel und Insekten können abgesehen von wenigen Ausnahmen mit fremdländischen Gewächsen wenig anfangen. Im Idealfall sind Gartensträucher gleichzeitig Nahrungspflanzen für Insektenlarven, ihre Blüten eine wertvolle Bienennahrung, ihr dichtes Gestrüpp Aufenthalts- und Brutort für Vögel und ihre Früchte wichtige Vogelnahrung. Besonders umschwärmt sind Weißdorn, Wacholder, Holunder und Pfaffenhütchen. Viele leckere Wildobstarten (siehe S. 174/175) eignen sich ebenfalls sehr gut als Hecken- oder Solitärpflanzen. Bei ausreichend Platz ist eine kleine Streuobstwiese mit zwei bis drei Bäumen der Sorten Apfel, Birne, Quitte, Zwetschge, Kirsche oder Walnuss beliebt.

BLÜTENPRACHT: ARTENREICHE WILDBLUMENWIESEN STATT MONOTONER RASENFLÄCHEN

Eine Blumenwiese hilft Insekten enorm. Entsprechendes Biosaatgut ist im Handel erhältlich. Die meisten Wildblumen in diesen Mischungen bevorzugen eher magere Standorte. Dafür kann eine mehrere Zentimeter dicke Sandschicht auf die entsprechende Fläche im Garten aufgebracht und die Samen in diese eingesät werden. Und noch ein Vorteil: Eine Wildblumenwiese braucht im Gegensatz zum Rasen nur zweimal im Jahr gemäht zu werden, im Frühsommer und im September. Um genügend Nahrung für Bienen und Hummeln anzubieten, hilft ein Staudenbeet mit nektarreichen, ungefüllten Blüten.

NISTHILFEN FÜR VÖGEL

Da natürliche Baumhöhlen rar sind, brauchen insbesondere die Höhlenbrüter unter den Vögeln wie Meisen, Stare sowie Sperlinge und Nischenbrüter wie Rotkehlchen sowie Haus- und Gartenrotschwanz Unterstützung. Nistkästen mit Einfluglöchern in passender Größe und geeigneter Architektur für unterschiedliche Arten gibt es im Handel. Die Umweltschutzverbände und private Tüftler bieten online zudem viele Bastelanleitungen. Das gilt auch für Insektenhotels, eine wichtige Nisthilfe für Wildbienen und andere Nützlinge.

TRINKSTELLEN

Auch Vögel und Insekten haben Durst, besonders an heißen Sommertagen. Vogeltränken sollten einen flachen Rand haben, auf dem die Vögel gut landen können, und zur Mitte hin tiefer werden, sodass sie von verschieden großen Arten genutzt werden können. Am besten geeignet sind Naturstein und Terrakotta, da diese Materialien den Vogelkrallen guten Halt geben. Zum Schutz vor Jägern empfiehlt sich ein freier, erhöhter Standort, etwa auf einem Standfuß. Aus Hygienegründen sollte die Tränke einmal wöchentlich, bei hohen Temperaturen über 25 °C täglich mit Bürste und Wasser gereinigt werden. Als Insektentränke sind flache Schalen geeignet. In diese sollten flache Steine oder Kies gelegt werden, auf denen fliegende Insekten landen können.

BODENSCHUTZ: KOMPOST UND JAUCHE STATT CHEMISCHER DÜNGER

Biogärtner setzen »Tees« und Jauchen von Brennnessel, Knoblauch, Schachtelhalm, Rhabarber (siehe S. 177), Zwiebeln oder Knoblauch an, um Pflanzen zu stärken und zu schützen. Informiert euch über die genaue Wirkungsweise in Fachliteratur und Internet. Auch die gezielte Einbringung von Nützlingen wie Raubmilben ist ein geeignetes Mittel. Als Dünger und Bodenverbesserungsmittel dient Kompost aus Bioküchenabfällen oder der Bokashi (siehe S. 176/177), dazu Bentonit und Hornmehl. Diese natürlichen Düngemittel erhalten das Bodenleben und schonen die Nützlinge im Garten. Auch das Mulchen schont die Bodenlebewesen, da die Böden mit dieser Schutzschicht weniger schnell austrocknen. Dazu in die Beete etwas angetrockneten Rasenschnitt, Laub oder gehäckselten Strauchschnitt ausbringen.

STRUKTURREICHTUM SCHAFFEN

Unterschiedliche Strukturen bedeuten viel Leben im Garten. Wer neben einer Naturhecke und Wildblumenwiese auch noch einen Teich oder eine kleine Feuchtwiese im Garten hat, wird sich vor Besuchern kaum retten können. Und auch Haufen von Totholz, Reisig, Rinde oder Laub sind wichtige Rückzugsgebiete für Insekten und dazu blitzschnell angelegt. Auch künstliche Strukturelemente wie eine Laube, eine Pergola oder ein Zaun haben eine wichtige Funktion, denn Vögel lassen sich sehr gerne auf ihnen nieder, um die Umgebung zu sondieren.

WILDFRÜCHTE IM GARTEN – KANN MAN DIE ESSEN?

Brombeeren und Haselnüsse sind äußerst populär, und jeder, der sich für Wildfrüchte interessiert, kennt wahrscheinlich auch den perfekten Platz zum Sammeln. Andere Früchte sind zu Unrecht etwas in Vergessenheit geraten und fristen aktuell eher ein kulinarisches Schattendasein oder gelten gar als giftig. Einige davon könnt ihr euch auch in den eigenen Garten holen und diesen damit zu einem Vogel- und Insektenparadies machen. Denn die heimische Tierwelt ist garantiert ganz wild auf diese Früchte. Und mit etwas Glück bleibt auch für euch einiges zum Naschen übrig.

SCHLEHEN

Die Schlehdornsträucher sind im Herbst voller dicker blauer Beeren. Genießbar sind diese erst, nachdem sie Frost abbekommen haben, da auf diese Weise bittere Gerbstoffe abgebaut werden. Schummler frieren sie nach dem Sammeln einfach ein, das ist aber offensichtlich nicht so effektiv wie der Frost am Baum. Die Früchte können besonders in Kombination mit Birne oder Apfel sehr gut zu Konfitüren verarbeitet werden. Auch als Likör und für Profis als Wein schmecken sie sehr gut. Wichtig ist es, den Stein dabei nicht zu zerstören, da dieser wie bei anderen Steinfrüchten auch Blausäureverbindungen enthält.

FELSENBIRNEN

Wie der Schlehdorn wird auch die Felsenbirne gerne in ökologisch wertvolle Wildobsthecken gepflanzt. Auch in den Gärten ist sie häufig zu finden, da der Strauch im Frühjahr mit seinem Blütenreichtum glänzt, schon im Juni mit den reifen rotvioletten Beeren aufwarten kann und im Herbst mit seiner leuchtenden, gelb-orangen Laubfärbung ein echter Hingucker ist. Die Früchte sind süß, mit leichtem Marzipanaroma und können roh vom Baum genascht oder wie die gängigen Gartenbeeren zu Konfitüre, Kuchen, Grütze oder Eis verarbeitet werden.

BERBERITZEN

Auch Berberitzen sind beliebte und attraktive Heckensträucher, wegen ihrer gelben Blüten, der ansprechenden, meist leicht rötlichen Laubfärbung und der kräftig-roten Beeren. Doch Vorsicht: Nahezu alle Teile der Pflanze sind giftig, genauer gesagt alle bis auf die Beeren! Diese schmecken allerdings sehr säuerlich und sind roh kein Genuss. Jedoch können auch sie Konfitüren aromatisieren und eignen sich besonders gut zum Trocknen. Dann werden sie zu kleinen säuerlichen Highlights in Müslis oder Reisgerichten wie Pilaw (siehe S. 55). Aber auch zu Fisch oder Rehkeule (siehe S. 69) schmecken sie hervorragend.

ZIERQUITTEN

Die niedrigen Sträucher kommen eigentlich aus China oder Japan und werden wegen ihrer hübschen kräftig-roten Blüten und leuchtend gelben Früchte gerne in Parks, Gärten oder auf Verkehrsinseln gepflanzt. Kaum bekannt ist jedoch, dass die Früchte ganz fantastisch schmecken. Besonders aromatisch sind die Apfel- bzw. Balgfrüchte, wenn sie einen intensiven, zitronig-frischen Duft verströmen. Dann übertreffen sie die großen Quitten spielend und können sogar ganze Räume erfrischen. Die sauren, harten Früchte können zu Gelees und Likör verarbeitet werden oder Essig aromatisieren. Auch als Sirup oder getrocknet als Tee schmecken sie toll.

NÜTZLICHE KÜCHENABFÄLLE: KOMPOSTIEREN UND DÜNGEN

Die bekannteste Art, Küchenabfälle als Dünger zu verwenden, ist das Kompostieren. Es kostet allerdings etwas Zeit. Wer weniger Geduld hat, kann seine Abfälle entweder in einem Bokashi-Eimer fermentieren oder bestimmte nährstoffreiche Abfälle auch sofort zum Düngen oder zum Pflanzenschutz einsetzen. Auf dieser Seite findet ihr allerlei Fakten rund um Kompost und Bokashi. Außerdem zeige ich euch meine persönlichen Charts der besten Sofortdünger aus Essensresten.

KOMPOST - 12 FAKTEN

1. Verwandelt organisches Material aus der Küche in Humus.
2. Regenwürmer und andere Bodenorganismen verrichten die Arbeit.
3. Geeignet für ungekochte Gemüse- und Obstabfälle, Kaffeesatz und Eierschalen.
4. Zerkleinerten Gartenschnitt, Laub und etwas Rasenschnitt untermischen.
5. Perfekt ist ein schattiger, leicht regengeschützter Standort unter Bäumen.
6. Optimal sind drei Behälter nebeneinander: einer für frische Reste ...
7. ... einer für Halbverrottetes und einer für die vollständige Zersetzung.
8. Den Kompost zwei- bis dreimal im Jahr umsetzen.
9. Material mit Metallgittern sieben und auf die passenden Haufen verteilen.
10. Bei Trockenheit gelegentlich gießen.
11. Reifer Kompost riecht angenehm modrig nach Walderde.
12. Fertigen, fein-krümeligen, dunklen Humus in Beeten und Töpfen verteilen.

DIE BESTEN DÜNGER AUS DER KÜCHE

KAFFEESATZ

Ihn einfach zu entsorgen wäre schade. Denn auch nach dem Brühen hat er einen hohen Anteil an den wertvollen Pflanzennährstoffen Stickstoff, Schwefel, Phosphor und Kalium. Stattdessen kann er auf einem Teller ausgebreitet getrocknet und das getrocknete Pulver als Dünger verwendet werden. Da er durch das Rösten einen leicht sauren pH-Wert hat, mag nicht jede Pflanze diesen Dünger, aber Rhododendron, Hortensien, Farne oder Heidelbeeren lieben ihn. Das Pulver immer etwas in die Erde einarbeiten, damit die Nähstoffe für die Wurzeln erreichbar werden. Und auch beim Umtopfen von Balkonblumen kann eine Handvoll Kaffeesatz unter die neue Blumenerde gemischt werden.

BANANENSCHALEN

Auch die gelben Hüllen der Banane enthalten wichtige Pflanzennährstoffe. Hier überwiegt Kalium, aber auch Magnesium, Kalzium, Stickstoff und Schwefel sind enthalten. Die Schalen werden am besten klein geschnitten und frisch oder getrocknet in die Erde eingearbeitet. Besonders Rosen und Blütenstauden profitieren von diesem blütenfördernden Dünger. Eine Düngung ist während der gesamten Wachstumsperiode

möglich. Wichtig: Ausschließlich Biochalen verwenden. Herkömmliche Schalen sind stark mit Pflanzenschutzmitteln belastet.

EIERSCHALEN

Sie enthalten neben wichtigen Spurenelementen in erster Linie Kalk. Dieser fördert die Aufnahme von Nährstoffen sowie die Aktivität von Bodenorganismen und verbessert insgesamt die Bodenstruktur. Schalen können fein zerdrückt in den Boden eingebracht werden, eignen sich aber noch besser als Flüssigdünger. Dafür 2 bis 3 Eierschalen pro Liter Wasser fein zermahlen und über Nacht in der passenden Menge Regenwasser stehen lassen. Dann Pflanzen mit dem Kalkwasser gießen. Der Dünger eignet sich für kalkliebende Pflanzen, beispielsweise Rosen, Pfingstrosen, Himbeeren, Tomaten, Rhabarber sowie alle Kohlsorten.

RHABARBERBLÄTTER

Sie sind zwar nicht essbar, aber mit ihrem hohen Kaliumgehalt ein hervorragender Dünger. Denn Kalium hilft den Pflanzen, Wasser zu speichern; er verhindert damit das Vergilben und fördert das Wachstum. Die Blätter dafür klein schneiden und in der zehnfachen Menge Wasser einige Tage ziehen lassen. Dann Pflanzen mit der Flüssigkeit gießen. In höherer Konzentration (1:1) als Sud gekocht, abgeseiht und abgekühlt ist »Rhabarberbrühe« auch ein gutes Spritzmittel gegen Blattläuse, aber auch gegen Kraut- und Braunfäule.

GEMÜSEWASSER

Ungesalzenes Wasser vom Kochen oder Dämpfen von Kartoffeln, Kohl oder Spargel kann abgekühlt als Dünger Verwendung finden. Denn aus dem Gemüse gehen Nährstoffe wie Kalium, Magnesium und Phos-

BOKASHI - 12 FAKTEN

1. Schnellfermenter in Eimerform aus Japan.
2. Passt auch auf Balkon und Terrasse.
3. Funktioniert mithilfe von effektiven Mikroorganismen.
4. Lebensmittelreste werden darin binnen weniger Wochen fermentiert.
5. Fast alles ist geeignet, abgesehen von Knochen und Flüssigkeiten.
6. Funktioniert unter Luftabschluss (anaerob).
7. Riecht nicht unangenehm, maximal leicht säuerlich.
8. Sich bildende Flüssigkeit kann über einen Hahn abgezapft werden.
9. Im Verhältnis 1:100–200 verdünnt, gibt die entstehende Flüssigkeit einen hervorragenden Dünger ab.
10. Fertiger Bokashi hat einen leicht sauren pH-Wert.
11. Diesen mit Erde mischen und zwei Wochen neutralisieren lassen.
12. Dann Töpfe bepflanzen oder Bokashi im Garten verteilen.

phor in das Wasser über und verwandeln es in einen sanften Dünger für Zimmerpflanzen, Orchideen und Rosen.

BIER

Viele der Inhaltsstoffe von Bier sind für Pflanzen gut verfügbar. Etwa ein- bis zweimal im Monat könnt ihr Grünpflanzen daher zur Stärkung mit einer Mischung von abgestandenem Bier und Wasser im Verhältnis 1:2 gießen.

GARTENSPASS IM KLEINFORMAT – DAS HOCHBEET

Machen wir uns nichts vor: Ein großer Garten ist für viele nur ein Wunschtraum. Aber auch auf kleinen Flächen kann man so einiges ernten. Denn im Hochbeet gedeiht allerlei Schmackhaftes – und das sogar bei blutigen Anfängern.

In einem kleinen Garten bietet ein Hochbeet viele Vorteile. In ihm erhalten Gemüse und Kräuter ausreichend Licht, reichlich Nährstoffe und mehr Wärme, sodass sie üppiger wachsen und früher geerntet werden können. Außerdem entfällt das lästige Bücken. Mit einem passenden Bausatz ist das Hochbeet schnell gebastelt. Wie es optimal gefüllt wird, zeige ich euch hier.

1. Die meisten Bausätze sind aus Holz. Damit dieses nicht durch Feuchtigkeit in kürzester Zeit verrottet, die Eckpfosten auf Steinen und den Rahmen auf einer Schicht Kies lagern. So kann das Wasser bei starken Regenfällen schnell abfließen. Den Rahmen zunächst mit einer Bio-Holzschutzfarbe lasieren und diese trocknen lassen.

2. Den Grund des Beetes zum Schutz vor Wühlmäusen mit einem Drahtgeflecht auslegen und dieses am Rahmen festtackern. Dann von innen als Nässeschutz vor dem Befüllen mit Folie (z. B. Noppen- oder Teichfolie) auskleiden und diese mit Steinen oder Ziegeln am Grund beschweren.

3. Jetzt schichtweise befüllen: Die erste Schicht besteht aus Ästen, groben Zweigen und Holzhäckseln. Dann folgt eine Lage umgedrehter Rasensoden, Rasenschnitt oder Laub. Darüber wird Pferdemist oder halb reifer, noch grober Kompost (aus Biogemüseresten) als Langzeitdünger verteilt. Die oberste Pflanzschicht sollte aus humusreicher Gartenerde, gemischt mit selbst hergestelltem, reifem Kompost bestehen.

4. Das Hochbeet am besten im Herbst anlegen. Dann über den Winter nachsacken lassen. Im Frühjahr ausreichend Erde nachfüllen und bepflanzen. Das Hochbeet ist mit kleinen Kompostgaben zwischendurch etwa fünf Jahre nutzbar. Danach sollte die Schichtung erneuert werden.

GEEIGNETE BEPFLANZUNG

Wer nur wenige Quadratmeter zum Bepflanzen hat, sollte kleinere Pflanzen auswählen, die schnell erntereif sind oder fortlaufend geerntet werden können. Im ersten Jahr ist der Nährstoffgehalt besonders groß. Dann eignen sich vor allem relativ schmal wachsende Starkzehrer wie Kartoffeln, Tomaten, Paprika, Lauch, Brokkoli, Tagetes und Sonnenblumen. Ausladende Kohlköpfe, Gurken, Kürbisse und Zucchini nur bei ausreichend Platz pflanzen. Wer auch im zweiten Jahr Starkzehrer pflanzen möchte, sollte regelmäßig mit Kompost düngen. Dann kommen aber bevorzugt Mittelzehrer wie Aubergine, Chinakohl, Mangold, Erdbeeren, Rote Bete, Schnittlauch, Spinat und Salatköpfe zum Einsatz. Kurz vor dem Umschichten ist die Zeit für Schwachzehrer wie Rucola, Radieschen, Feldsalat, Erbsen und Kräuter.

GROSSE PFLANZKÄSTEN

Sie können wie kleine Hochbeete behandelt und genauso befüllt werden. Je nach Volumen können sie aber einfach mit Garten- oder Blumenerde befüllt und mit Kräutern oder Gemüse bepflanzt werden.

Rote
Beete
lat. Beta
PASTINAKE
Blühende
Landschaft
WACHS
MAL
BEET

MEINE ERNTELIEBLINGE

1. Kirschtomaten: Ein sonniges Plätzchen, ausreichend Wasser sowie gelegentlich eine kleine Düngergabe, und eine reiche Ernte an zuckersüßen Früchtchen ist sicher.

2. Essbare Blüten: Die Blüten von Ringelblumen, Kornblumen, Hornveilchen und aromatischen Tagetessorten sind ein optisches Highlight für Salate und Vorspeisen. Willkommener Nebeneffekt: Ringelblumen und Tagetes schützen die angepflanzten Gemüse auch noch vor Schädlingen.

3. Minze: Was gibt es Schöneres, als Salate, Smoothies und Drinks mit frisch gepflückten Minzblättchen zu pimpen? Mit ausreichend Platz und ein bisschen Dünger kommen die Pflanzen jedes Jahr üppig wieder.

4. Chilischoten: Auf der Fensterbank vorgezogen und anschließend mit leichter Düngergabe in der vollen Sonne gepflanzt, wachsen die zarten Gewächse problemlos. Hier lohnt die Ernte richtig: Denn zehn Chilischoten sind schnell mal geerntet. Wer diese anschließend trocknet, kann sich im Herbst und Winter auf jede Menge scharfe Gerichte freuen.

5. Mangold: Die würzigen Blätter können an einem sonnigen Plätzchen im Beet fortlaufend geerntet werden. Wenn die Pflanze den Winter übersteht, wächst sie im nächsten Jahr kräftig weiter.

6. Radieschen: Sie lösen besonders bei Anfängern schnell Glücksgefühle aus. Denn sie können schon nach sechs bis sieben Wochen geerntet und weggesnackt werden.

7. Pflücksalat: Mit den kinderleicht wachsenden Pflanzen ist dauerhafter Salatgenuss garantiert. Dazu werden nur wenige Köpfe benötigt, denn es werden immer nur die äußeren Blätter geerntet.

8. Rucola: Im Hochbeet quasi unkaputtbar und ständig mit neuen, leicht scharfen Blättern, die bei mir Blattsalate aufpeppen.

9. Kapuzinerkresse: Sie wird zwar wirklich voluminös und rankt auch gerne über den Rand hinaus. Gleichzeitig ist sie aber sehr pflegeleicht und bis zum ersten Frost ein echter Blickfang. Das Beste: Sowohl junge Blätter als auch die hübschen Blüten haben einen kresseartigen, leicht scharfen Geschmack und eignen sich bestens als Ergänzung für Salat oder herzhafte Stullen.

10. Erdbeeren: Sie nehmen die gute Nährstoffversorgung im Hochbeet gerne an und gedeihen dort mehrere Jahre prächtig. Ihre Ausläufer sorgen für eine stetige Vermehrung der Pflanzen. So gibt es im Sommer reichlich zum Naschen. Tipp: Damit die leckeren Früchte nicht faulen, die Pflanzen mit Stroh unterlegen, sobald die ersten Beeren auftauchen.

GÄRTNERN AUF DER FENSTERBANK

Nicht nur im Garten lässt sich Leckeres ernten. Auch die Fensterbank – außen wie innen – ist ein guter Ort zum kulinarischen Gärtnern. Das ist besonders interessant für kleine, balkonlose Wohnungen. Optimal nutzt ihr den Platz draußen mit aromatischen Kräutern und drinnen mit schnell keimenden Sprossen. So ist immer Erntezeit.

MEIN KLEINER KRÄUTERGARTEN

Ob Basilikum, Salbei oder Thymian – fast alle Kräuter gedeihen auf der äußeren Fensterbank. Damit Töpfe und schwere Pflanzkästen außen auch auf leicht abschüssigen Fensterbänken nicht abstürzen, ist eine gründliche Befestigung vonnöten. Dafür gibt es verschiedene Systeme mit Sicherungsstangen und Fensterbankhalterungen. Informiert euch im Garten- oder Baumarkt, welches für euch das geeignetste ist. Dann steht einer reichen Ernte der nützlichen Aromaspender nichts mehr im Wege. Hier meine Top Four, die ihr auch ohne grünen Daumen nicht kleinkriegt.

ROSMARIN

Er braucht eine voll besonnte Außenfensterbank und ein kalkhaltiges, durchlässiges Substrat mit Drainageschicht. Da er sich nicht so gerne umtopfen lässt, wählt von Anfang an einen ausreichend großen Pflanzbehälter. Milde Winter übersteht der mediterrane Kleinstrauch auch hierzulande gut; ist jedoch große Kälte angesagt, sollte er an einen kühlen, aber hellen Ort umziehen. Im nächsten Jahr etwas Kompost in die Oberfläche einarbeiten. So wächst der aromatische Rosmarin viele Jahre üppig weiter.

Geerntet werden die jungen Triebspitzen. Diese finden ganz oder als einzelne Nadeln in der mediterranen Küche oder für Fleischgerichte Verwendung.

OREGANO

Junge Pflanzen können im Frühling auf der inneren Fensterbank vorgezogen werden. Nach dem letzten Nachtfrost wandern sie nach draußen. Oregano gedeiht am besten in gut durchlässigem, leicht sandigem Substrat mit Drainageschicht auf sonnigen, warmen Fensterbänken. Trotz mediterraner Herkunft kann er im Freien überwintern, sollte aber im Frühjahr zurückgeschnitten und umgetopft werden. Oregano passt frisch oder getrocknet in mediterrane Gewürzmischungen für Gemüse und Fleisch und ist ein Klassiker auf Pizza und Pasta.

ZITRONENMELISSE

Wenn sie ein halbschattiges bis sonniges Plätzchen auf der äußeren Fensterbank hat, in nährstoffreiches Substrat gepflanzt wurde und ausreichend gegossen wird, dankt es die Zitronenmelisse mit üppigem, fast wucherndem Wachstum und füllt schnell größere Töpfe aus. Die Blätter können im Laufe des Sommers für Cocktails, Eistee, Salate oder Pesto geerntet werden. Getrocknet ergeben sie einen tollen Schlaftee. Nach der Blüte kann sie kräftig zurückgeschnitten werden. Die Melisse überwintert problemlos draußen. Im nächsten Jahr sollten die Wurzelballen geteilt und erneut in nährstoffreiches Substrat gepflanzt werden.

MINZE

Ein halbschattiges Fenster, reichlich Platz, ausreichende Bewässerung und regelmäßige Düngergaben – schon wuchert die Minze wie verrückt. Sie überwintert problemlos draußen und sollte wie die Melisse im nächsten Jahr geteilt und wieder in nährstoffreiche Erde gepflanzt werden. Sonst erschöpft sich das anfänglich starke Wachstum rasch. Die im Sommer fortlaufend geernteten Blätter erfrischen Salate, aber auch Cocktails und Desserts. Auch für Dips, etwa indischen Minze-Raita, sind sie gut geeignet. Als Tee ein Klassiker.

SPROSSEN ZIEHEN

Sprossen sind genau das Richtige für ungeduldige Gärtner. Durch die Keimung bilden sich in den Samen Vitamine, zudem sind sie reich an Eiweiß und Mineralstoffen. Mit etwas Know-how und ein wenig täglicher Pflege gedeihen die Nährstoffbomben ganz ohne Substrat wie von selbst.

STEP BY STEP ZU LECKEREN SPROSSEN

1. Geeignete Gefäße: Für die Sprossenzucht gibt es mehrstöckige Keimboxen, meist aus Plastik. Diese sind gar nicht notwendig, denn auch in Einmachgläsern mit passendem Lochdeckel funktioniert die Anzucht perfekt. Diese Deckel können im Fachhandel erworben oder im Internet bestellt und auf passende Gläser geschraubt werden. Auch selbst basteln ist ganz leicht: Bei Einmachgläsern und amerikanischen »Mason Jars« mit zweiteiligem Deckel kann der Innenteil durch einen passend zugeschnittenen Edelstahlsiebdraht aus dem Baumarkt ersetzt werden.

2. Sprossensaatgut: Neben Kresse und Shiso-Kresse (Perilla) eignen sich noch allerlei andere Pflanzenarten zur Sprossenzucht. Dazu gehören neben Brokkoli, Kohlrabi und Rucola auch Rote Bete, Radieschen und Rettich, aber vor allem Hülsenfrüchte wie Luzerne (Alfalfa), Rotklee, Bockshornklee, Mungbohnen, Linsen und Kichererbsen. Verwendet dafür nur unbehandeltes Biosaatgut. Dieses ist im Fachhandel oder im Internet erhältlich.

3. Start: Vor der Anzucht sollten jeweils 1 bis 2 Esslöffel der Samen einige Stunden in Wasser eingeweicht werden. Das Wasser abgießen, die Samen in einem Sieb abspülen und in ein Sprossenglas umfüllen.

Die Gläser schräg mit der Öffnung nach unten auf ein Abtropfgestell auf die Fensterbank setzen, damit restliches Wasser abtropfen kann. Die Zimmertemperatur sollte zwischen 18 und 22 °C liegen.

4. Tägliche Pflege: zweimal täglich, am besten morgens und abends, mit zimmerwarmem Leitungswasser durchspülen. Danach im Abtropfgestell abtropfen lassen. So wird die Bakterienbildung minimiert. Nach wenigen Tagen bilden sich die essbaren Sprossen. Die genaue Keimzeit entnehmt ihr der Packungsangabe. Tipp: Besonders Ungeduldige versuchen sich an Quinoa, der häufig schon nach 4 Stunden Einweichen und 24 Stunden Keimen geerntet werden kann.

5. Ernte: Sprossen vor dem Verzehr waschen und abtropfen lassen. Riechen sie säuerlich oder modrig, sind sie nicht mehr zum Verzehr geeignet. Sprossen von Hülsenfrüchten wie Linsen, Kichererbsen und Mungbohnen vor dem Verzehr kurz in kochendem Wasser blanchieren, um Antinährstoffe zu neutralisieren und die Sprossen bekömmlicher zu machen.

6. Hygiene: Gläser und Siebe nach Verwendung und vor dem nächsten Einsatz gründlich spülen und kurz in kochendem Wasser sterilisieren. Hygiene ist bei der Sprossenzucht das A und O, um die Vermehrung von Bakterien zu verhindern.

GEMEINSCHAFTLICH GÄRTNERN

Wer zu Hause weder Balkon noch Garten hat, muss trotzdem nicht auf das Gardening verzichten. Neben den altbekannten Kleingartenanlagen, die sich durch neue Generationen von Gärtnern gerade modernisieren, gibt es noch weitere interessante Modelle.

Mietäcker sind ein genialer Trend insbesondere rund um die Großstädte: Ackerflächen werden von einem Bauern zur Verfügung gestellt, mit reichlich Gemüse bepflanzt und grundversorgt. Die Mieter zahlen einen einmaligen oder einen monatlichen Beitrag und können dann rund ums Jahr fleißig ernten sowie nach Wunsch weitere Gemüse und Kräuter selbst anpflanzen. Das ist gelebte Nachhaltigkeit und ein Modell mit großer Zukunft.

In vielen Städten haben sich in den letzten Jahren Urban-Gardening-Initiativen gegründet. Diese verwandeln in gemeinschaftlicher Arbeit innerstädtische Brachflächen mit viel Kreativität in grüne Paradiese. So entstehen Flächen mit hoher Aufenthaltsqualität und ein wichtiger Lebensraum für Insekten und Vögel. Einiges zu ernten gibt es dort auch und als besonderes Extra jede Menge Gemeinschaftsgefühl.

Der direkte Kontakt zu den Produzenten und das Gemeinschaftsgefühl stehen auch bei Mitmachtagen auf den Bauernhöfen der Solidarischen Landwirtschaft (siehe S. 23) im Mittelpunkt. Denn auf einem biodynamisch bewirtschafteten Hof ist immer etwas zu tun, und die Hilfe der Teilhaber, aber auch von anderen Interessierten wird dankend angenommen. Vom Kartoffel- und Gemüsepflanzen über den Strauchschnitt bis zur Apfelernte reicht die Palette, aber je nach Hof werden auch Workshops wie Käseherstellung und Brotbacken angeboten. Belohnt wird das Engagement mit Unmengen an biodynamischem Gemüse, geselligen Hoffesten und einem richtig guten Gefühl.

REGISTER - REZEPTE UND ZUTATEN

A

Apfel 85, 100, 114, 117, 122, 137, 141, 168, 170, 172, 174f., 184
    Apfel-Sellerie-Salat 133
    Lauch-Apfel-Quiche 100
    Sellerie-Apfel-Creme 149, 147

Apfelchips 70

Apfel(balsam)essig 38, 48, 61, 70f., 78, 81, 85f., 103, 113, 123, 133, 147, 149, 152, 164

Apfelmus 71f., 117, 163

Apfelsaft 125

Aprikosen 114f., 141, 170
    Aprikosenchutney 38, 67, 153

Arme Ritter 97

Aubergine 91, 141, 168, 170, 178
    Auberginenguacamole 67, 143, 149, 154
    Tomaten-Pide mit Auberginen 43

Avocado 25, 154

B

Basilikum 39, 48, 77, 97, 115, 123, 136, 170, 182
    Thaibasilikum 104

Beeren 55, 110, 114, 163, 174f.
    Beerengrütze 115
    Beerensirup 112

Birne 61, 69, 83, 114, 116, 141, 168, 170, 172, 174
    Felsenbirne 174
    Sellerie-Birnen-Smoothie 133

Blaubeeren 83, 110, 116, 153
    Blaubeerketchup 67
    Kürbiscurry mit Blaubeerchutney 83, 153

Blinis
    Greenie-Blinis mit Erbsencreme 36

Blumenkohl 58, 83, 91, 96, 121, 129, 134
    Blumenkohl-Carpaccio 122
    Blumenkohlsuppe 123

Brokkoli 83, 107, 118, 121, 178, 183
    Brokkolinudeln mit Pilzen 123
    Brokkoli-Waldorf-Crostini 122
    Pasta mit Brokkoli und Schinken 86

Brot 14, 19, 22f., 38, 44, 51, 63, 91, 97, 100, 122, 136, 143, 148, 167, 169ff., 184
    altes 75, 96f., 103, 118
    Pitabrot 99
    Radieschen-Brot-Salat 132
    Wurzelbrot mit Walnüssen 99

Brotaufstrich 119, 140, 143, 148
    Forellen-Röstgemüse-Aufstrich 146, 149

Brotsalat
    Radieschen-Brot-Salat 132

Brownies 72

Brühe 44, 48f., 51, 55, 60, 64, 69ff., 81, 83, 85, 95, 103, 108, 123, 125, 127, 176
    Gemüsebrühe 126
    gekörnte Gemüsebrühe 126

Brunnenkresse 161

Bruschetta 97

Buchweizen 19, 36, 44, 77, 86, 143, 145

Buchweizendrink 36, 44, 72, 97, 100, 103, 107, 144f.

Buchweizenjoghurt, halb pflanzlicher 144

Burger 150, 152f.
    The famous Veggie-Burger 44f.

C

Chermoula-Hähnchen, marokkanisches 62

Chicorée 161

Chili 48f., 83, 92, 104, 113, 130, 136, 141, 153f., 163, 165, 181
    Chilimayonnaise 150
    Honig-Chili-Popcorn 157, 159
    Mexican Chili Salad 105
    Spargelpasta mit Chilibutter 87
    Sweet-Chili-Sauce 152

Chinakohl 162, 178

Chips 143
    Apfelchips 70
    Tortillachips mit Mexican Salsa 154
    Wirsingchips 134

Chutney 38, 113
    Aprikosenchutney 67, 153
    Kürbiscurry mit Blaubeerchutney 83

Cracker 39, 136
    Cracker mit Pfifferlingen 39f.
    Fenchelcracker 156, 158

Crostini
    Brokkoli-Waldorf-Crostini 122
    Zucchini-Crostini 38, 40

Croûtons 70, 97, 123

Crumble
    All-in-Crumble 116

Curry/-pulver 71, 80, 83, 85 97, 136, 143, 154, 157
    Kürbiscurry mit Blaubeerchutney 83

D

Dip 52, 84, 119, 140, 154, 161, 183
    Bohnendip 58
    Ofengemüse mit Bohnendip 58
    Zucchini-Joghurt-Dip 58

E

Eingemachtes 23, 168

Eintopf 67, 119, 161f.
    Grünkohleintopf 71
    Wirsingeintopf mit Lamm 70

Erbsen 52, 107, 141, 178
    Gefüllte Zucchini mit Erbsen 95
    Greenie-Blinis mit Erbsencreme 36

F

Feldsalat 17, 118, 161, 178

Fenchel 58, 129
    Fenchelcracker 39, 156, 158
    Halb getrocknete Tomaten mit Fenchelstielen 39, 124
    Thymian-Fenchel-Risotto mit Knusperbröseln 51, 96

Fermentiertes 143, 162, 176, 177
    Fermentierter Möhrensalat 165

Fisch 7, 9, 19, 22, 35, 52, 56f., 121, 161, 163, 169ff., 175
    Feine Fischsuppe 129
    Forellen-Röstgemüse-Aufstrich 149

Flammkuchen mit Pilzen & Rucola 78, 80, 108

Fleisch 7, 9 ,16, 18f., 22f., 35, 66f., 75, 92, 104, 153, 161ff., 169ff., 182
    Gemüsegulasch 64
    Grühnkohleintopf 71
    Kohlrabistiele mit Specksauce 125
    Marokkanisches Chermoula-Hähnchen 62
    Mexican Chili Salad 105
    Pasta mit Brokkoli und Schinken 86
    Rehkeule mit Kräuterkruste 69
    Thai-Nudelsalat 104
    Wildschweinragout 49
    Wildschweinschnitzel 63
    Wirsingtopf mit Lamm 70

Fond 129
    Fischfond 129
    Gemüsefond 60, 69, 126

Früchte 140f., 163, 172, 181
    Früchtemuffins 117
    Südfrüchte 17, 170
    Tiefkühlfrüchte 114f.
    Trockenfrüchte 114
    überreife 112
    Wildfrüchte 174f.
    Zitrusfrüchte 168, 170

Fruchtsorbet mit Melisse 115

G

Gebäck 114, 117, 137

Geflügel 66, 170
    Marokkanisches Chermoula-Hähnchen 62

Gemüse 7, 9, 14–19, 22ff., 44, 69, 71, 81, 92, 118, 121, 129, 141, 143, 160–14, 167–171, 176ff., 181f., 184
    Dekonstruierte Gemüselasagne 109
    Forellen-Röstgemüse-Aufstrich 146, 149
    Gemüsegulasch 64
    Gemüse-Pilaw mit gebratenem Tofu 55, 152
    Grillgemüse-Hummus 109
    Ofengemüse 14, 58, 71, 107, 109, 130, 150, 152f., 161
    Ofengemüse mit Bohnendip 58
    Suppengemüse 92, 126, 129
    Zwiebelkuchen mit Gemüse 107

Gemüsereste 75, 83, 107f., 169, 178

Gemüsebrühe 44, 48f., 55, 64, 69ff., 83, 85, 95, 103, 123, 125f.
    gekörnte 51, 60, 126

Getreide 19, 24, 168

Gnocchi 48, 76, 80
    mit Kirschtomaten 77
    mit Spargel & Frühlingspesto 77

Granita 112

Gremolata-Salz 104, 129, 136, 156f.

Grissini
    Hirse-Rosmarin-Grissini 156, 158

Grünkern 44, 95
    Grünkern-Kartoffel-Plätzchen 85

Guacamole 154
    Auberginenguacamole 67, 143, 154

Gulasch
    Gemüsegulasch 64
    Schweinegulasch 64

Gurke 52, 67, 91, 132, 140f., 164, 170f., 178
    Gurkenrelish 45, 152

H

Haferflocken 71, 78, 100, 117, 145

Harira
    vegetarische 67, 92

Harissa 150

Haselnuss 19, 38, 69, 72, 125, 133, 157, 174

Heidelbeeren 176

Hirse 19, 91
    Hirsebällchen 39, 41
    Hirse-Rosmarin-Grissini 156, 158

Honig 23, 38, 43, 48f., 51, 58, 62, 64, 69, 85–88, 91, 95, 110, 122f., 130, 132ff., 145, 150, 164
    Honig-Chili-Popcorn 157, 159

Hülsenfrüchte 14, 19, 24, 92, 95, 141, 168, 183

Hummus
    Grillgemüse-Hummus 109
    Radieschenhummus 67, 132

I

Ingwer 71, 83, 92, 104, 113, 133, 150, 152f., 163, 165, 170
    Ingwer-Koriander-Mayo 150

J

Joghurt 43, 110, 148, 150, 156, 162, 169, 171
    Zucchini-Joghurt-Dip 58
    Halb pflanzlicher Buchweizenjoghurt 67, 143ff.

K

Karotten siehe Möhren

Kartoffeln 58, 62, 64, 70f., 75f., 78, 80, 83, 92, 108, 125, 130, 141, 150, 162, 168, 170, 177f., 184
    Bratkartoffeln 81
    Gefüllte Kartoffeln 81
    Grünkern-Kartoffel-Plätzchen 85, 163
    Kartoffelknödel 118
    Kartoffel-Möhren-Plätzchen 84, 163
    Kartoffelpüree 161
    Kartoffelsuppe 81
    Ofenkartoffeln 119

Käse 7, 19, 23, 35, 85, 148, 153, 169ff., 184
    Frischkäse 119
    Hartkäse 48, 51, 77, 109, 118
    Hartkäse, veganer 49
    Schnittkäse 133
    Taboulé mit gebackenem Ziegenkäse 91
    Weichkäse 88
    Ziegen(frisch)käse 87, 91, 100

Ketchup
    Blaubeerketchup 67, 143, 153

Kichererbsen 19, 92, 95, 109, 132, 183

Knödel 75, 96, 118, 162
    Kräutersemmelknödel mit Pilzrahm 103

Kohl 17, 127, 134, 177f.
    Blumenkohl 58, 83, 91, 96, 121, 129, 134, 162, 165, 168
    Blumenkohl-Carpaccio 122
    Blumenkohlsuppe 123
    Grünkohleintopf 71
    Kohlrabi 121, 124, 130, 132, 164, 168, 170, 183
    Kohlrabistiele mit Specksauce 125
    Rosenkohl 83, 107, 134

Kohlrabi 121, 124, 130, 132, 164, 168, 170, 183

Koriander 55, 58, 62, 83, 92, 104f., 130, 154
    Ingwer-Koriander-Mayo 150

Kroketten
    Kürbiskroketten 38, 41

Kürbis 17, 19, 141, 153, 170, 178
    Hokkaido 38, 61, 71, 83, 107, 121, 138, 170
    Kürbiscurry mit Blaubeerchutney 80, 83
    Kürbiskroketten 38, 41
    Kürbis-Sellerie-Stampf mit Pilzen 61
    Linsen-Kürbis-Suppe 71

Kürbiskerne 117, 121ff.
    gebrannte 138
    geröstete 60, 138, 162
    Kürbiskernbutter, vegane 147f.

L

Labneh
    Rote-Bete-Labneh 143, 146, 148

Lauch 17, 69ff., 84f., 92, 107, 127, 129, 162, 178
    Lauch-Apfel-Quiche 100

Lamm, Wirsingeintopf mit 70

Leinsamen 19, 57, 110, 156

Linsen 19, 92, 109, 141, 183
    Linsen-Kürbis-Suppe 71

M

Mais 19, 48, 118, 154
      Popcornmais 157

Mangold 140, 162, 178, 181

Maronen
      Maronen-Pastinaken-Suppe 70

Mayonnaise 119
      Chilimayonnaise 150
      Ingwer-Koriander-Mayo 150
      vegane 52, 143, 150

Meerrettich 149, 163

Minze 36, 43, 48, 91, 110, 113, 115, 133, 181, 183

Möhren 17, 44, 49, 55, 64, 69, 71f., 92, 107, 127, 129f., 168, 170
      Fermentierter Möhrensalat 165
      Kartoffel-Möhren-Plätzchen 84
      Möhren-Nuss-Kuchen 72
      Pasta mit Salbeimöhren 87

Möhrengrün 121, 140

Mojo
      Gebackene Rote Bete mit Rote-Bete-Mojo 130, 140

Muffin 116
      Früchtemuffins 115, 117

Müsli 19, 110, 112, 114, 119, 175
      Overnight Oats 110

N

Nachtschattengewächse 141, 170

Nudeln 24, 48, 64, 75, 86f., 92, 104, 109, 119, 168
      Brokkolinudeln mit Pilzen 123
      Gratinierte Zucchini-Nudel-Nester 81, 88
      Thai-Nudelsalat 104

Nüsse 19, 24, 49, 57, 69, 87, 110, 125, 136, 138, 143, 174
      Gewürznüsse 71, 157, 159
      Möhren-Nuss-Kuchen 72
      Rehkeule mit Nusskruste 69
      Wurzelbrot mit Walnüssen 99

O

Ofengemüse 14, 58, 71, 107, 109, 130, 150, 152f., 161

Orange 49, 110, 136
      Orangensirup 137

Oregano 97, 182

Overnight Oats 110

P

Paprika(schote) 38, 55, 58, 64, 83, 91, 104f., 129, 134, 149, 168, 170, 178
      Paprikarahm 46, 48

Pasta 19, 48f., 108, 119, 136, 162, 182
      Pasta mit Brokkoli und Schinken 86
      Pasta mit Salbeimöhren 87
      Pasta mit Spinat und Pilzen 86
      Spargelpasta mit Chilibutter 87

Pastinaken 17, 69, 127, 130
      Maronen-Pastinaken-Suppe 70

Pesto 140, 161, 182
      Gnocchi mit Spargel & Frühlingspesto 77
      Hanfpesto 47f.

Petersilie 43, 49, 62, 70, 84, 91f., 103, 126f., 130, 136, 140, 154

Pflanzendrink 44, 72, 97, 100, 103, 107

Pilaw
      Gemüse-Pilaw mit gebratenem Tofu 55, 152, 175

Pilze 19, 39, 52, 75, 171
      Brokkolinudeln mit Pilzen 123
      Cracker mit Pfifferlingen 39f.
      Eingelegte Pilze 165
      Flammkuchen mi Pilzen & Rucola 78
      Kräutersemmelknödel mit Pilzrahm 103
      Kürbis-Sellerie-Stampf mit Pilzen 61
      Pasta mit Spinat und Pilzen 86

Pitabrot 99

Poké-Bowl
      Veggie-Poké-Bowl 52

Polenta 64, 118, 162

Popcorn
      Honig-Chili-Popcorn 143, 157, 159

Postelein 161

Q

Quiche
      Lauch-Apfel-Quiche 100, 162

Quinoa 19, 44, 52, 91, 95, 183

R

Radicchio 52, 161

Radieschen 52, 118, 167, 170f., 178, 181, 183
      Radieschenblätter 121, 140
      Radieschen-Brot-Salat 132
      Radieschenhummus 67, 132

Ragout
    Wildschweinragout 47, 49

Reh 66
    Rehkeule mit Nusskruste 69, 175

Reis 19, 51f., 55, 64, 67, 91, 108, 119, 126, 168, 175

Resteverwertung 81, 88, 104, 118f., 169, 171, 176f.
    Brotreste 96, 118
    Eigelb/Eiweiß 119
    Fleischreste 67, 104f.
    Gemüsereste 75, 83, 108, 126, 169, 178
    Kartoffelreste 80f.
    Kräuter 126
    Kuchen 119
    Nudelreste 88
    Obstreste 114f.
    Plätzchen 119
    Sahne, Crème fraîche 119
    Sonstige Reste 118
    Suppengemüse 126

Rettich 36, 52, 130, 161, 164, 183
    Rettichblätter 140

Rhabarber 163, 173, 177
    Rhabarberblätter 141, 177

Rosmarin 44, 49, 63, 69, 78, 81, 88, 115, 126, 138, 165, 182
    Hirse-Rosmarin-Grissini 156, 158
    Rosmarinkartoffeln 62

Rote Bete 17, 52, 100, 168, 178
    Gebackene Rote Bete mit Rote-Bete-Mojo 130
    Rote Bete »in Balsam« 164
    Rote-Bete-Labneh 143, 146, 148

Rüben 161f.

Rucola 140, 178, 181
    Flammkuchen mit Pilzen & Rucola 78

S

Sahne 81, 119, 123, 129, 169, 171, 138

Salat 45, 60, 67, 81, 91, 97 108, 115, 118, 122, 140f., 161f., 164, 167, 170, 178, 181ff.
    Apfel-Sellerie-Salat 133
    Feldsalat 17, 118, 161, 178
    Fermentierter Möhrensalat 165
    grüner Salat 62, 88, 95
    Mexican Chili Salad 105, 162
    Pflücksalat 181
    Postelein 161
    Radieschen-Brot-Salat 132

Rucola 78, 140, 178, 181
    Thai-Nudelsalat 104

Salbei 69, 110, 182
    Pasta mit Salbeimöhren 87

Salsa
    Tortillachips mit Mexiccan Salsa 154

Saucen 48f., 69, 83, 109, 119, 130, 143, 169
    Fruchtsauce 114
    Kohlrabistiele mit Specksauce 125
    Pastasauce 108, 136
    Rahmsauce 103
    Sabayon 119
    Sauce hollandaise 119
    Sojasauce 52, 107, 134
    Specksauce 125
    Sweet-Chili-Sauce 152
    Tomatensauce 118
    Würzsauce 152, 163

Schinken 170
    Pasta mit Brokkoli und Schinken 86

Schnittlauch 39, 61, 84, 100, 103, 118, 148, 178

Sellerie 60, 69, 92, 121, 129, 132f.
    Apfel-Sellerie-Salat 133
    Kürbis-Sellerie-Stampf mit Pilzen 61
    Sellerie-Apfel-Creme 147, 149
    Sellerie-Birnen-Smoothie 133
    Sellerieknolle 60f., 127, 149
    Stangensellerie 49, 127, 130

Senf 44f., 55, 69, 78, 83ff., 88, 113f., 133, 150, 152f.
    Fruchtsenf 113
    Honigsenf 69
    Saure Senfzucchini 67, 164

Sesam 38, 43, 52, 58, 104, 109, 156

Smoothie 60, 114, 140f., 181
    Sellerie-Birnen-Smoothie 133
    Smoothie-Bowl 110

Soja 7, 18f., 56, 66, 141

Sojasauce 52, 107, 134

Spargel 67, 96, 107, 177
    Gnocchi mit Spargel & Frühlingspesto 77
    Spargelpasta mit Chilibutter 87

Speck 69, 71, 81, 118
    Kohlrabistiele mit Specksauce 125

Spinat 19, 36, 52, 118, 140, 154, 162, 178
    Pasta mit Spinat und Pilzen 86

Sprossen 36, 52, 100, 141, 182f.

Suppe 51, 69f., 97, 108, 118f., 140f., 161f.
> Blumenkohlsuppe 123
> Cremesuppe 97, 121
> Feine Fischsuppe 129
> Fischsuppe 121
> Vegetarische Harira 92
> Kartoffelsuppe 81
> Linsen-Kürbis-Suppe 71
> Maronen-Pastinaken-Suppe 70
> Wildsuppe 69

T

Taboulé
> Taboulé mit gebackenem Ziegenkäse 62, 91, 95

Tahin 43, 52, 58, 109, 132
> Kräuter-Tahin 43

Tee 14, 24, 175
> Minztee 183
> schwarzer 137
> Weihnachtstee 137
> Zitronenmelissentee 182

Thymian 39, 58, 61, 69, 81, 97, 109, 126, 165, 182
> Thymian-Fenchel-Risotto mit Knusperbröseln 51
> Vegane Thymian-Nuss-»Butter« 46, 49

Tofu 19
> Gemüse-Pilaw mit gebratenem Tofu 55
> Räuchertofu 107
> Seitentofu 78

Tomaten 45, 48, 57, 64, 67, 86, 88, 91f., 95, 97, 105, 109, 126, 132, 134, 141, 154, 168, 170f., 177f., 181
> Gnocchi mit Kirschtomaten 77
> Halb getrocknete Tomaten mit Fenchelstielen 39, 124
> Tomaten-Pide mit Auberginen 43
> Tomatensauce 118

Topinambur 17

Tortillachips 143
> Tortillachips mit Mexican Salsa 154

W

Walnuss 19, 49, 57, 87f., 110, 122, 133, 172
> Wurzelbrot mit Walnüssen 99

Wassermelone 140
> Kerne von 138

Weinessig, aromatisierter 115

Weißkohl 134, 162, 165, 168

Wildfrüchte 172, 174

Wildschwein 64, 66, 170
> Wildschweinragout 47, 49
> Wildschweinschnitzel 63, 96

Wirsing
> Wirsingchips 134
> Wirsingeintopf mit Lamm 70

Wurzelbrot mit Walnüssen 99

Wurzelgemüse 168

Z

Zitrone 36, 38f., 43, 48f., 51f., 55, 58, 62, 72, 77f., 83, 87f., 91f., 104f., 109f., 112, 115, 121ff., 125f., 129, 132ff., 136f., 149f., 153f., 165
> Zitrus-Gewürzöl 136

Zitrusfrüchte 168, 170

Zucchini 91, 107, 141, 170, 178
> Gefüllte Zucchini mit Erbsen 95
> Gratinierte Zucchini-Nudel-Nester 81, 88
> Saure Senfzucchini 67, 164
> Zucchini-Crostini 38, 40
> Zucchini-Joghurt-Dip 58

Zwiebelkuchen 107

.... DANKSAGUNG ....

In diesem Buch steckt sehr viel Herzblut. Daher möchte ich mich ganz herzlich bei allen bedanken, die dieses wunderbare Projekt möglich gemacht und mich dabei so großartig unterstützt haben. Außerordentlicher Dank gebührt …

… Anja Timmerman, der Verlegerin, für ihr grenzenloses Vertrauen in meine Idee, die geniale Zusammenarbeit und die vielen Freiheiten, die sie uns bei der Produktion gelassen hat.

… Vanessa Jansen für entspannte und kreative, manchmal auch sehr lange und heiße Fototage bei bis zu 36 °C, an denen sie trotzdem cool blieb und die unvergleichlichen Fotos dieses Buchs schoss.

… Anette Riedel, meiner mich immer unterstützenden Agentin, welche die Zusammenarbeit mit Forte durch ihre internationalen Kontakte erst möglich gemacht hat und gemeinsam mit Anja schon vor der Veröffentlichung den Südwest-Verlag mit ins Boot geholt hat.

… Wouke Boog, der Designerin, für das eindrucksvolle Layout und die wunderschönen Grafiken.

… Ellen Hooijen, der Redakteurin, die die Texte exzellent übersetzt und redigiert hat.

… Thorsten, meinem Schatz, für seine großartige Unterstützung bei Einkauf und Fotoproduktion, seine immerwährende Geduld auch in stressigen Phasen und seinen unstillbaren Appetit auf neue Rezepte.

… dem Gärtnerhof Entrup 119, der uns seit Jahren mit Gemüse, Brot und Schafmilchprodukten in Demeter-Qualität versorgt.

… Birgit und Heinrich Rövekamp, auf deren Bauernhof an der Meckelbachaue im Münsteraner Stadtteil Mecklenbeck wir seit April 2019 wohnen dürfen, welcher eine so wunderbare Location für die stimmungsvollen Fotos dieses Buchs ist.

… Anja Minhorst von natürlich unverpackt an der Warendorfer Straße 63 in Münster, deren Laden für weniger Plastikmüll sorgt und gleichzeitig eine tolle Foto-Location ist.

… dem Blumen- & Kürbisparadies Stertmann an der Ecke Altenberger Straße/Beerwiede in Münster-Nienberge mit Gemüse und Blumen zum Selber-Ernten und vor allem Unmengen an fotogenen Kürbissen. Auch dort durften wir freundlicherweise fotografieren.

… dem Gemeinschaftsgarten-Projekt Junges Gemüse der AGRAVIS Raiffeisen AG für die Möglichkeit, dort zu fotografieren.

… dem Gemeinschaftsgarten-Projekt Grüne Beete-Campusgarten auf dem Gelände des Leonardo-Campus in Münster für einige schöne Fotomotive.

…dem Botanischen Garten der Westfälischen Wilhelms-Universität Münster für Fotomotive aus dem Münsterländer Bauerngarten.